DR. OETKER

MODE TORTEN

OHNE ZU BACKEN

FRUCHTZWERGENTORTE, GELATI-TORTE, TIRAMISU-CHARLOTTE, CARACAS-KUCHEN...

DR. OETKER

MODE TORTEN

OHNE ZU BACKEN

FRUCHTZWERGENTORTE, GELATI-TORTE, TIRAMISU-CHARLOTTE, CARACAS-KUCHEN...

CERES

„Backen ohne zu backen", das sind Modetorten, die Sie heiß begeistern werden, aber Ihren Backofen kalt lassen. Von Klassikern wie z. B. der „Schnellen Schwarzwälder Kirschtorte" über Dessert-, Anlass- und Eistorten bis hin zu außergewöhnlichen und pfiffigen Kreationen wie der „Fruchtzwergentorte" aus dem Kapitel „Hits für Kids", wir verraten Ihnen die besten Rezepte.

Die Vorteile liegen auf der Hand: die Zubereitung ist einfacher und schneller als bei gebackenen Torten, da die Backzeit für die Böden wegfällt. Die fertigen Böden sind im Supermarkt oder beim Bäcker erhältlich und lassen sich einige Zeit auf Vorrat lagern oder einfrieren. Die Crunch-Böden aus Löffelbiskuits, Müsli, Keksen etc. sind im Handumdrehen zubereitet. Wenn für eine Feier mehrere Torten benötigt werden, kann eine „kalte Torte" den Backofen, der dann sicher auf Hochtouren läuft, entlasten. Und außerdem sind die Torten auch immer ein schönes Mitbringsel.

Abkürzungen

EL	= Esslöffel
TL	= Teelöffel
Msp.	= Messerspitze
Pck.	= Packung/Päckchen
g	= Gramm
kg	= Kilogramm
ml	= Milliliter
l	= Liter
evtl.	= eventuell
geh.	= gehäuft
gestr.	= gestrichen
TK	= Tiefkühlprodukt
°C	= Grad Celsius
Ø	= Durchmesser
E	= Eiweiß
F	= Fett
Kh	= Kohlenhydrate
kcal	= Kilokalorien
kJ	= Kilojoule

Hinweise zu den Rezepten

Für Tortenfüllungen und -beläge, die mit rohen Eiern zubereitet werden, nur ganz frische Eier verwenden, die nicht älter als 5 Tage sind (Legedatum beachten). Die fertige Torte im Kühlschrank aufbewahren und innerhalb von 24 Stunden verzehren.

Aufgetaute und wieder eingefrorene Eiscreme sollten Sie nicht noch einmal einfrieren und möglichst innerhalb eines Tages verwenden.

Zubereitungszeiten

Die Zubereitungszeit beinhaltet nur die Zeit für die eigentliche Zubereitung. Längere Wartezeiten wie z. B. Kühlzeiten sind nicht einbezogen.

Kapitelübersicht

Kapitelübersicht

Klassiker

Wir konnten diese Klassiker nicht besser machen, aber schneller!

Erdbeer-Wein-Torte

Zubereitungszeit: 40 Min., ohne Kühlzeit

Insgesamt:
E: 57 g, F: 211 g, Kh: 359 g, kJ: 15872, kcal: 3793

Für die Füllung:

- **1 Pck. Gelatine gemahlen, weiß**
- **125 ml (1/8 l) Weißwein**
- **3 Eigelb (Größe M, ganz frisch)**
- **120 g Zucker**
- **1 Pck. Vanillin-Zucker**
- **1 EL Zitronensaft**
- **125 ml (1/8 l) Weißwein**
- **250 ml (1/4 l) Schlagsahne**
- **300 g Erdbeeren**
- **1 heller Biskuitboden (Ø 26 cm, vom Bäcker)**

Zum Verzieren und Garnieren:

- **250 ml (1/4 l) Schlagsahne**
- **1 Pck. Sahnesteif**
- **1 Pck. Vanillin-Zucker**
- **50 g abgezogene, gehobelte Mandeln**
- **einige Erdbeeren**

1 Für die Füllung Gelatine mit dem Wein in einem kleinen Topf anrühren und 10 Minuten zum Quellen stehen lassen.

2 Eigelb, Zucker, Vanillin-Zucker, Zitronensaft und Wein im Wasserbad dickschaumig schlagen. Die Schüssel aus dem Wasserbad nehmen und so lange weiterschlagen, bis die Masse erkaltet ist.

3 Die Gelatine unter Rühren erhitzen, bis sie gelöst ist, und unterrühren. Sobald die Masse anfängt dicklich zu werden, Sahne steif schlagen und vorsichtig unterheben.

4 Die Erdbeeren waschen, abtropfen lassen, entstielen und in Stücke schneiden. Den Tortenboden einmal waagerecht durchschneiden und den unteren Boden auf eine Tortenplatte legen.

5 Die Hälfte der Creme gleichmäßig auf den unteren Boden

(Fortsetzung Seite 10)

streichen. Die Erdbeeren darauf verteilen und mit der restlichen Creme bestreichen. Den oberen Boden darauflegen und leicht andrücken.

6 Die Sahne mit Sahnesteif und Vanillin-Zucker steif schlagen. Tortenrand und -oberfläche mit 2/3 der Sahne bestreichen und etwa 15 Minuten kalt stellen.

7 Die Mandeln in einer Pfanne ohne Fett anrösten und erkalten lassen. Den Tortenrand mit den Mandeln bestreuen.

8 Die restliche Sahne in einen Spritzbeutel mit Sternbandtülle füllen und die Tortenoberfläche damit verzieren. Mit den vorbereiteten, halbierten Erdbeeren garnieren.

Tipp:
Nur ganz frische Eier verwenden, die nicht älter als 5 Tage sind (Legedatum beachten).

Kardinalstorte

Zubereitungszeit: 35 Min., ohne Kühlzeit

Insgesamt:
E: 27 g, F: 91 g, Kh: 293 g, kJ: 9204, kcal: 2197

- **1 heller oder dunkler Biskuitboden (Ø 26 cm, vom Bäcker)**

Für den Belag:

- **1 Glas Sauerkirschen (Abtropfgewicht 370 g)**
- **1 Pck. Tortenguss, rot**
- **2 cl Rum**
- **knapp 250 ml (1/4 l) Kirschsaft**
- **1 Pck. Rotwein-Creme**
- **250 ml (1/4 l) Schlagsahne**

- **einige frische Kirschen**
- **Zitronenmelisseblättchen**
- **evtl. Puderzucker**

1 Den Biskuitboden auf eine Tortenplatte legen und einen Tortenring darumlegen.

2 Für den Belag Sauerkirschen auf einem Sieb gut abtropfen lassen, dabei den Saft auffangen und knapp 250 ml (1/4 l) abmessen. Die abgetropften Kirschen auf dem Boden verteilen.

3 Den Rum mit dem Kirschsaft auf 250 ml (1/4 l) auffüllen, den Tortenguss damit nach Packungsaufschrift – aber mit den hier angegebenen Zutaten – zubereiten, auf den Kirschen verteilen und fest werden lassen.

4 Die Rotwein-Creme nach Packungsaufschrift zubereiten (Rotwein ist in der Packung). Die Sahne steif schlagen und unterheben (etwas zum Verzieren zurücklassen).

5 Die Rotwein-Creme auf die Kirschen streichen und mit Hilfe eines Esslöffels verzieren. Die Torte im Kühlschrank in 1–2 Stunden fest werden lassen.

6 Den Tortenring mit einem Messer lösen. Die Torte mit der zurückgelassenen Sahne verzieren und mit Kirschen und Zitronenmelisse garnieren. Die Kirschen nach Belieben mit etwas Puderzucker bestäuben.

Tipp:
Anstelle des Biskuitbodens einen fertig gekauften, runden Rührteig-Nusskuchen (Ø etwa 26 cm) verwenden.

Pischinger Torte

Zubereitungszeit: 35 Min., ohne Kühlzeit

Insgesamt:
E: 82 g, F: 426 g, Kh: 366 g, kJ: 24451, kcal: 5841

Für den Krokant:

- **1 Msp. Butter**
- **60 g Zucker**
- **125 g abgezogene, gehackte Mandeln**

Für die Creme:

- **250 g weiche Butter**
- **50 g gesiebter Puderzucker**
- **3 Eier (Größe M, ganz frisch)**
- **200 g Zartbitterschokolade**

- **10 Karlsbader Oblaten (Ø etwa 20 cm)**

Für den Guss:

- **100 g Zartbitterschokolade**
- **etwas Kokosfett**

- **einige Schokoladenblätter**

1 Für den Krokant die Butter und den Zucker so lange erhitzen, bis die Masse leicht gebräunt und der Zucker gelöst ist. Die Mandeln hinzufügen, unter Rühren erhitzen, bis der Krokant genug gebräunt ist, auf ein gefettetes Backblech geben und erkalten lassen. Die erkaltete Krokantmasse mit einer Teigrolle zerdrücken.

2 Für die Creme die Butter mit Handrührgerät mit Rührbesen geschmeidig rühren. Nach und nach den Puderzucker unterrühren, bis eine gebundene Masse entstanden ist. Eier nach und nach unterrühren (jedes Ei etwa 1 Minute).

3 Schokolade grob zerkleinern, in einem kleinen Topf im Wasserbad bei schwacher Hitze zu einer geschmeidigen Masse verrühren, etwas abkühlen lassen und unter die Buttercreme rühren. 2 Esslöffel von der Schokoladencreme abnehmen und beiseite stellen.

4 Unter die restliche Creme den Krokant rühren und auf die Oblaten streichen. Die Oblaten zu einer Torte zusammensetzen, dabei die obere Oblate nicht bestreichen. Den Tortenrand mit der zurückgelassenen Creme bestreichen. Die Torte einige Zeit kalt stellen.

5 Für den Guss Schokolade grob zerkleinern, mit Kokosfett in einem kleinen Topf im Wasserbad bei schwacher Hitze zu einer geschmeidigen Masse rühren und die Torte damit überziehen. Die Torte mit den Schokoladenblättern garnieren und einige Stunden kalt stellen.

6 Die Torte mit einem sehr scharfen, in heißes Wasser getauchten Messer in Stücke schneiden.

Tipp:
Karlsbader Oblaten sind große, gefüllte Oblaten. Sie sind in Packungen zu je 5 oder 10 Stück erhältlich.

Zitronentorte

Zubereitungszeit: 45 Min., ohne Kühlzeit

Insgesamt:
E: 69 g, F: 383 g, Kh: 564 g, kJ: 25524, kcal: 6096

Für die Zitronencreme:
- **125 g Butter**
- **125 g Zucker**
- **4 Eigelb (Größe M, ganz frisch)**
- **125 ml (1/8 l) Zitronensaft (von 3–4 Zitronen)**

Für die Buttercreme:
- **1 Pck. Pudding-Pulver Vanille-Geschmack**
- **60 g Zucker**
- **500 ml (1/2 l) Milch**
- **250 g weiche Butter**

- **1 heller Wiener Boden (Ø 26 cm, 3 Lagen)**

Zum Garnieren:
- **30 g abgezogene, gehobelte Mandeln**
- **50 g Halbbitter-Kuvertüre**
- **Zitronenspalten (unbehandelt)**

1 Für die Zitronencreme die Butter zerlassen, von der Kochstelle nehmen, nach und nach den Zucker unterrühren, Eigelb hinzufügen. Die Masse im Wasserbad zu einer dicklichen Creme aufschlagen. Den Zitronensaft unterrühren und die Masse unter ständigem Schlagen bis kurz vor dem Kochen erhitzen. Die Creme dann unter Rühren erkalten lassen.

2 Für die Buttercreme aus Pudding-Pulver, Zucker und Milch nach Packungsaufschrift einen Pudding zubereiten und kalt stellen, dabei ab und zu durchrühren, damit sich keine Haut bildet.

3 Die Butter mit Handrührgerät mit Rührbesen auf höchster Stufe geschmeidig rühren. Den kalten Pudding nach und nach esslöffelweise unterrühren.

4 Den unteren Boden auf eine Tortenplatte legen, mit der Hälfte der Zitronencreme bestreichen und mit dem mittleren Boden bedecken. Mit der restlichen Zitronencreme bestreichen, mit dem oberen Boden bedecken und etwas andrücken.

5 Tortenrand und -oberfläche mit der Hälfte der Buttercreme bestreichen. Die restliche Buttercreme in einen Spritzbeutel mit Sterntülle geben und die Torte damit verzieren.

6 Zum Garnieren die Mandeln in einer Pfanne ohne Fett leicht bräunen und erkalten lassen. Kuvertüre in einem kleinen Topf im Wasserbad bei schwacher Hitze zu einer geschmeidigen Masse verrühren.

7 Die Zitronenspalten in die Kuvertüre tauchen, auf einen Kuchenrost legen und fest werden lassen. Die Tortenoberfläche damit garnieren. Den Tortenrand mit den Mandeln bestreuen. Die Torte bis zum Verzehr etwa 3 Stunden kalt stellen.

Tipp:
Die in Kuvertüre getauchten Zitronenspalten können auch weggelassen werden oder durch Gelee-Zitronenspalten ersetzt werden.

Kalter Hund

(Foto oben)
Zubereitungszeit: 20 Min., ohne Kühlzeit

Insgesamt:
E: 67 g, F: 312 g, Kh: 397 g, kJ: 20060, kcal: 4789

- **250 g Kokosfett**
- **4 Eier (Größe M, ganz frisch)**
- **280 g gesiebter Puderzucker**
- **80 g gesiebtes Kakaopulver**
- **etwa 35 Butterkekse**
- **evtl. Kakaopulver**

1 Das Kokosfett zerlassen und abkühlen lassen.

2 Eier mit Puderzucker und Kakao verrühren und das Kokosfett unterrühren. Eine Kastenform (25 x 11 cm) mit Back- oder Pergamentpapier auslegen und abwechselnd Kakaocreme und Kekse einschichten.

3 Die Kastenform in den Kühlschrank stellen und den kalten Hund fest werden lassen (am besten über Nacht).

4 Den kalten Hund aus der Form stürzen, das Papier abziehen, das Gebäck nach Belieben mit Kakao bestäuben und in etwa 1 cm dicke Scheiben schneiden.

Tipp:
Die Eier sollten dieselbe Temperatur haben wie das Kokosfett, weil die Masse sonst gerinnen könnte.

Trüffelhund

(Foto unten)
Zubereitungszeit: 40 Min., ohne Kühlzeit

Insgesamt:
E: 62 g, F: 341 g, Kh: 385 g, kJ: 21633, kcal: 5168

- **300 g Halbbitter-Kuvertüre**
- **400 ml Schlagsahne**
- **6 Eigelb (Größe M, ganz frisch)**
- **75 g gesiebter Puderzucker**
- **100 ml Eierlikör**
- **etwa 35 Butterkekse**
- **125 ml (1/8 l) Schlagsahne**
- **2 EL geschabte Halbbitter-Kuvertüre**

1 Die Kuvertüre grob zerkleinern, in einem kleinen Topf im Wasserbad bei schwacher Hitze zu einer geschmeidigen Masse verrühren und etwas abkühlen lassen.

2 Die Sahne steif schlagen. Eigelb und Puderzucker mit Handrührgerät mit Rührbesen weißcremig aufschlagen. Eierlikör und Kuvertüre vorsichtig unterrühren. Sahne unterheben.

3 Einen Teil der Masse gut 1 cm dick in eine mit Back- oder Pergamentpapier ausgelegte Kastenform (25 x 11 cm) füllen. Die Masse dicht mit Butterkeksen belegen. Darauf wieder abwechselnd Creme und Butterkekse schichten, bis die Creme verbraucht ist. Die Kastenform über Nacht in den Kühlschrank stellen.

4 Den Trüffelhund auf eine Servierplatte stürzen und das Papier abziehen. Die Sahne steif schlagen, in einen Spritzbeutel mit Sternbandtülle füllen und den Trüffelhund damit verzieren. Mit Kuvertüre garnieren.

Haselnuss-Birnen-Torte

Zubereitungszeit: 50 Min., ohne Kühlzeit

Insgesamt:
E: 86 g, F: 369 g, Kh: 390 g, kJ: 23380, kcal: 5589

Zum Tränken:
- **100 ml Milch**
- **100 ml Birnenlikör**

- **300 g Tortenbiskuits von „hig"**

Für die Füllung:
- **1 Dose Birnen (Abtropfgewicht 460 g)**
- **75 g gehackte Haselnusskerne**
- **6 Blatt weiße Gelatine**
- **200 g Doppelrahm-Frischkäse**
- **100 g Zucker**
- **Saft von 1–2 Zitronen**
- **500 ml (1/2 l) Schlagsahne**

Zum Verzieren und Garnieren:
- **200 ml Schlagsahne**
- **12–16 Haselnusskerne**
- **evtl. einige dünne Birnenspalten**

1 Zum Tränken Milch und Birnenlikör verrühren. Einen Springformrand (Ø 26 cm) auf eine Tortenplatte stellen, die Hälfte der Tortenbiskuits hineinlegen (1 Lage) und mit der Hälfte der Milch-Birnenlikör-Mischung bestreichen.

2 Für die Füllung die Birnen auf einem Sieb abtropfen lassen und in Würfel schneiden. Haselnüsse in einer Pfanne ohne Fett anrösten und erkalten lassen.

3 Gelatine nach Packungsaufschrift einweichen. Den Frischkäse mit Zucker und Zitronensaft verrühren. Gelatine ausdrücken, auflösen und unterrühren. Die Haselnüsse unterrühren. Die Sahne steif schlagen und mit den Birnenwürfeln unterheben.

4 Die Hälfte der Masse in die Form geben und glattstreichen. Die restlichen Tortenbiskuits darauflegen und mit der restlichen Milch-Birnenlikör-Mischung bestreichen. Die restliche Frischkäsemasse einfüllen und glattstreichen. Die Torte mindestens 2 Stunden kalt stellen.

5 Vor dem Servieren die Torte mit einem Messer aus den Springformrand lösen. Die Sahne steif schlagen, in einen Spritzbeutel mit Sterntülle füllen und die Torte mit Sahnetuffs verzieren. Auf jeden Sahnetuff eine Haselnuss und nach Belieben eine Birnenspalte setzen.

Abwandlung:
Wenn die Torte ohne Alkohol zubereitet werden soll, den Birnenlikör durch Birnensaft ersetzen oder 200 ml Milch zum Tränken der Tortenbiskuits verwenden. Anstelle der Birnen kann auch die gleiche Menge gedünstete Apfelwürfel verwendet werden.

Tipps:
Anstelle der Tortenbiskuits können ersatzweise auch Löffelbiskuits verwendet werden.
Wenn zum Garnieren frische Birnenspalten verwendet werden, diese mit Zitronensaft einstreichen, damit sie nicht braun werden.

Mandelcremetorte mit kandierten Veilchen

Zubereitungszeit: 40 Min., ohne Kühlzeit

Insgesamt:
E: 76 g, F: 357 g, Kh: 324 g, kJ: 21491, kcal: 5133

Für die Creme:
- **150 g weiche Butter**
- **125 g feinkörniger Zucker**
- **1 Pck. Vanillin-Zucker**
- **3 Eigelb (Größe M, ganz frisch)**
- **150 g abgezogene, gemahlene Mandeln**
- **½ Pck. Vanillin-Zucker**
- **125 ml (⅛ l) Schlagsahne**

Für den Boden:
- **250 ml (¼ l) Milch**
- **3–4 EL Rum**
- **250 g Löffelbiskuits**

Zum Verzieren und Garnieren:
- **500 ml (½ l) Schlagsahne**
- **2 TL Zucker**
- **2 Pck. Sahnesteif**
- **einige kandierte Veilchen**

1 Für die Creme Butter mit Handrührgerät mit Rührbesen auf höchster Stufe geschmeidig rühren. Nach und nach Zucker und Vanillin-Zucker hinzufügen und so lange rühren, bis eine gebundene Masse entstanden ist.

2 Eigelb nach und nach unterrühren. Mandeln, Vanillin-Zucker und Sahne auf mittlerer Stufe unterrühren.

3 Für den Boden Milch und Rum verrühren. Die Löffelbiskuits kurz darin wenden und beiseite legen.

4 Einen Springformrand (Ø 26 cm) mit Alufolie auslegen, auf eine Tortenplatte stellen und den Boden mit der Hälfte der Löffelbiskuits auslegen.

5 Die Hälfte der Creme darauf streichen und mit den restlichen Löffelbiskuits belegen. Die restliche Creme darauf geben, glattstreichen und die Torte 3–4 Stunden kühl stellen.

6 Vor dem Servieren Springformrand und Alufolie entfernen. Die Sahne mit Zucker und Sahnesteif steif schlagen und Tortenrand und -oberfläche damit bestreichen. In die Tortenoberfläche mit Hilfe eines Teelöffels kleine Vertiefungen eindrücken und mit den Veilchen garnieren.

Tipps:
Kandierte Veilchen bekommen Sie in Fachgeschäften für Süßwaren und Backzutaten.

Mandel-Sahne-Torte

Zubereitungszeit: 45 Min., ohne Kühlzeit

Insgesamt:
E: 208 g, F: 327 g, Kh: 712 g, kJ: 29338, kcal: 7010

Für den Boden:

- **12 Zwiebäcke**
- **200 g Nussnougat**

Für den Belag:

- **12 Blatt weiße Gelatine**
- **750 g Magerquark**
- **200 g Zucker**
- **2 Pck. Vanillin-Zucker**
- **abgeriebene Schale und Saft von 1 Zitrone (unbehandelt)**
- **abgeriebene Schale und Saft von 1 Orange (unbehandelt)**
- **125 ml (1/8 l) Weißwein**
- **500 ml (1/2 l) Schlagsahne**
- **100 g abgezogene, gehackte Mandeln**

Zum Garnieren:

- **30 g abgezogene, gestiftelte Mandeln**
- **50 g Halbbitter-Kuvertüre**
- **3 Orangen**

1 Für den Boden Zwiebäcke in einen Gefrierbeutel geben, den Beutel verschließen, die Zwiebäcke mit einer Teigrolle fein zerdrücken und in eine Schüssel geben.

2 Nougat in einem kleinen Topf im Wasserbad bei schwacher Hitze zu einer geschmeidigen Masse verrühren, zu den Zwiebackbröseln geben und alles gut vermengen. Die Bröselmasse in eine Springform (Ø 26 cm, Boden gefettet) füllen und gut andrücken. Den Boden einige Zeit kalt stellen.

3 Für den Belag Gelatine nach Packungsaufschrift einweichen. Quark, Zucker und Vanillin-Zucker mit Zitronen- und Orangenschale und -saft verrühren. Den Wein erwärmen, Gelatine ausdrücken und in dem Wein auflösen. Die Wein-Gelatine-Mischung unter die Quarkmasse rühren.

4 Sahne steif schlagen und mit den Mandeln unterheben. Den Belag auf den Boden geben und glattstreichen. Die Torte etwa 3 Stunden kalt stellen.

5 Zum Garnieren die Mandelstifte in einer Pfanne ohne Fett anrösten. Die Kuvertüre in einem kleinen Topf im Wasserbad bei schwacher Hitze zu einer geschmeidigen Masse verrühren, in ein Pergamentpapiertütchen füllen und eine kleine Spitze abschneiden. Die Kuvertüre in Streifen auf Back- oder Pergamentpapier spritzen und erkalten lassen.

6 Die Orangen so schälen, dass auch die weiße Haut entfernt wird. Die Orangen waagerecht in dünne Scheiben schneiden und auf die Torte legen.

7 Die Torte aus der Springform lösen und auf eine Tortenplatte legen. Die Torte mit Mandeln bestreuen und mit den Kuvertürestreifen belegen.

Tipp:
Nach Belieben die aufgelöste Kuvertüre direkt aus dem Papiertütchen auf die Torte spritzen.

Rotweinhupf

Zubereitungszeit: 20 Min., ohne Kühlzeit

Insgesamt:
E: 37 g, F: 160 g, Kh: 423 g, kJ: 14848, kcal: 3548

Für die Rotweincreme:
- **250 ml (1/4 l) Rotwein**
- **75 g Zucker**
- **15 g Speisestärke**
- **evtl. etwas rote Speisefarbe**
- **200 ml Schlagsahne**
- **1 Pck. Sahnesteif**
- **1 gekaufter Schokoladen-Kranzkuchen (500 g)**
- **100 g Halbbitter-Kuvertüre**

1 Für die Rotweincreme Rotwein, Zucker und Speisestärke unter Rühren zum Kochen bringen, kurz aufkochen und erkalten lassen, dabei ab und zu durchrühren. Nach Belieben mit roter Speisefarbe einfärben.

2 Die Sahne mit Sahnesteif steif schlagen, unter die erkaltete Rotweinmasse heben und in einen Spritzbeutel mit Lochtülle füllen.

3 Den Kranzkuchen viermal waagerecht durchschneiden. Die Gebäckschichten mit Creme zusammensetzen.

4 Die Kuvertüre in einem kleinen Topf im Wasserbad bei schwacher Hitze zu einer geschmeidigen Masse verrühren, auf eine Platte gießen und fest werden lassen. Mit einem Spachtel Locken schaben und den Rotweinhupf damit garnieren.

Abwandlung:
Den Kranzkuchen nach Belieben anstelle von Rotweincreme mit Buttercreme füllen. Dazu 1 Päckchen Dessert-Sauce Vanille-Geschmack (zum Kochen) mit 40 g Zucker und 6 Esslöffeln Milch anrühren. 125 ml (1/8 l) Milch zum Kochen bringen, von der Kochstelle nehmen, das angerührte Saucenpulver einrühren und unter Rühren nochmals aufkochen lassen. Den Pudding erkalten lassen, dabei Klarsichtfolie direkt auf den Pudding legen. 100 g weiche Butter mit Handrührgerät mit Rührbesen geschmeidig rühren und esslöffelweise den Pudding unterrühren.

Tipps:
Die Rotweincreme kann auch mit Glühwein anstelle von Rotwein zubereitet werden. Nach Belieben etwas von der Rotweincreme zurücklassen und den Rotweinhupf anstelle der Schokoladenlocken damit verzieren.

Käsesahnetorte mit Zuckerfrüchten

Zubereitungszeit: 30 Min., ohne Kühlzeit

Insgesamt:
E: 119 g, F: 235 g, Kh: 465 g, kJ: 19031, kcal: 4548

Für die Füllung:
- **8 Blatt weiße Gelatine**
- **500 g Magerquark**
- **100 g Zucker**
- **1 Pck. Vanillin-Zucker**
- **abgeriebene Schale und Saft von 1 Zitrone (unbehandelt)**
- **500 ml (1/2 l) Schlagsahne**

- **1 heller Wiener Boden (Ø 26 cm, 3 Lagen)**

- **200 ml Schlagsahne**
- **1 Pck. Sahnesteif**

Für die Zuckerfrüchte und -blüten:
- **etwa 250 g Früchte (z. B. Erd-, Johannis-, Heidel-, Brom- und Himbeeren, Weintrauben, Kumquats)**
- **verschlagenes Eiweiß**
- **Zucker**
- **Blüten (z. B. Rosen, Kapuziner-Kresse, ungespritzt)**

1 Für die Füllung Gelatine nach Packungsaufschrift einweichen. Quark mit Zucker, Vanillin-Zucker, Zitronenschale und -saft verrühren.

2 Gelatine gut ausdrücken, auflösen und unter den Quark rühren. Die Sahne steif schlagen und vorsichtig unter die Quarkmasse heben.

3 Den unteren Boden auf eine Tortenplatte legen und einen Tortenring darumstellen.

4 Ein Drittel der Füllung auf den unteren Boden geben und glattstreichen. Den mittleren Boden darauflegen, das zweite Drittel der Masse darauf verteilen und glattstreichen. Den oberen Boden darauflegen und mit der restlichen Masse bestreichen. Die Torte im Kühlschrank in 2–3 Stunden fest werden lassen. Dann den Tortenring entfernen.

5 Die Sahne mit Sahnesteif steif schlagen, in einen Spritzbeutel mit gezackter Tülle füllen und den Tortenrand damit verzieren.

6 Für die Zuckerfrüchte und -blüten die Früchte waschen (Himbeeren nicht waschen), trockentupfen, in Eiweiß wenden und in Zucker wälzen.

7 Blüten und Blätter vorsichtig kalt abspülen und trockentupfen. Mit einem Pinsel das Eiweiß auf die Blüten streichen und mit Zucker bestreuen. Die Blätter in Eiweiß tauchen und in Zucker wenden.

8 Die Torte mit den gezuckerten Früchten, Blüten und Blättern garnieren.

Tipp:
Anstelle von Quark kann auch Mascarpone (italienischer Frischkäse) verwendet werden.

Rätsel-Torte

Zubereitungszeit: 30 Min., ohne Kühlzeit

Insgesamt:
E: 80 g, F: 335 g, Kh: 447 g, kJ: 22267, kcal: 5319

- **1 Lage von 1 hellen Wiener Boden (Ø 26 cm)**

Für die Vanillecreme:

- **4 Blatt weiße Gelatine**
- **1 Pck. Pudding-Pulver Vanille-Geschmack**
- **4 EL Zucker**
- **500 ml (1/2 l) Milch**
- **600–750 ml Schlagsahne**
- **2–3 Pck. Sahnesteif**

Zum Tränken:

- **etwa 200 ml Milch**
- **2 EL Rum**
- **200 g Löffelbiskuits**

Zum Verzieren und Garnieren:

- **250 ml (1/4 l) Schlagsahne**
- **1 Pck. Sahnesteif**
- **1 EL gesiebter Puderzucker**
- **Eierlikör**
- **gehackte Pistazienkerne**

1 Den Biskuitboden auf eine Tortenplatte legen und einen Tortenring darumlegen.

2 Für die Vanillecreme die Gelatine nach Packungsaufschrift einweichen. Aus Pudding-Pulver, Zucker und Milch nach Packungsaufschrift – aber mit 4 Esslöffeln Zucker – einen Pudding zubereiten. Die Gelatine ausdrücken und darin auflösen. Den Pudding erkalten lassen, dabei ab und zu durchrühren.

3 Sahne mit Sahnesteif steif schlagen und unter den erkalteten Pudding heben. 1/3 der Vanillecreme auf den Boden streichen.

4 Zum Tränken Milch und Rum verrühren und die Löffelbiskuits darin wenden. Die Hälfte der getränkten Löffelbiskuits auf die Creme legen, mit der Hälfte der restlichen Creme bestreichen, mit den übrigen Löffelbiskuits belegen und mit der restlichen Creme bestreichen. Die Torte kalt stellen.

5 Den Tortenring entfernen. Die Sahne mit Sahnesteif und Zucker steif schlagen, in einen Spritzbeutel mit Lochtülle füllen und die Torte damit verzieren. Die Tortenoberfläche mit Eierlikör verzieren und mit Pistazienkernen garnieren.

Abwandlung:
Wenn Kinder mitessen, die Löffelbiskuits nur mit Milch tränken und den Eierlikör zum Verzieren weglassen.

Tipp:
Die restlichen 2 Lagen des Wiener Bodens für eine Torte einfrieren oder für ein Dessert verwenden.

Schnelle Schwarzwälder Kirschtorte

Zubereitungszeit: 30 Min., ohne Kühlzeit

Insgesamt:
E: 49 g, F: 176 g, Kh: 483 g, kJ: 15902, kcal: 3798

- **1 dunkler Wiener Boden (Ø 26 cm, 3 Lagen)**

Für Füllung und Belag:

- **1 Pck. Tortenguss, klar**
- **2 EL Wasser**
- **1 Becher Kirschgrütze (500 g)**
- **500 ml (1/2 l) Schlagsahne**
- **1 Pck. Sahnesteif**
- **2 Pck. Vanillin-Zucker**
- **1 EL gesiebtes Kakaopulver**
- **1 EL Kirschwasser**

- **150 g Kirschen mit Stiel**
- **50 g Halbbitter-Kuvertüre**

1 Den unteren Boden auf eine Tortenplatte legen und einen Tortenring darumstellen.

2 Für Füllung und Belag den Tortenguss mit Wasser in einem Topf glattrühren, mit der Kirschgrütze vermengen und unter Rühren einmal aufkochen lassen. Die Masse auf dem unteren Boden verteilen. Die Torte kalt stellen, bis die Masse fest geworden ist.

3 Sahne mit Sahnesteif und Vanillin-Zucker steif schlagen. Knapp die Hälfte der Sahne mit Kakao und Kirschwasser verrühren. Einen Teil der Kakaosahne auf die Kirschgrütze streichen. Den mittleren Boden darauflegen und mit der restlichen Kakaosahne bestreichen.

4 Den oberen Boden darauflegen. Tortenrand und -oberfläche mit etwas von der restlichen Sahne bestreichen. Die übrige Sahne in einen Spritzbeutel mit kleiner Lochtülle füllen und die Tortenoberfläche damit verzieren.

5 Die Kirschen waschen und trockentupfen (nicht entstielen). Kuvertüre grob zerkleinern und in einem kleinen Topf im Wasserbad bei schwacher Hitze zu einer geschmeidigen Masse verrühren. Die Kirschen in die Kuvertüre tauchen und fest werden lassen.

6 Die restliche Kuvertüre in ein Pergamentpapiertütchen füllen, eine kleine Spitze abschneiden und den Tortenrand mit der Kuvertüre besprenkeln. Die Torte mit den Kirschen garnieren.

Caracas-Kuchen

Zubereitungszeit: 30 Min., ohne Kühlzeit

Insgesamt:
E: 74 g, F: 217 g, Kh: 572 g, kJ: 19695, kcal: 4707

Für die Creme:
- **300 g Halbbitter-Kuvertüre**
- **200 ml Schlagsahne**
- **50 g weiche Butter**

- **1 gekaufter Haselnuss-Kastenkuchen (500 g)**
- **Silberperlen**

1 Für die Creme Kuvertüre in Stücke schneiden. Sahne in einem Topf zum Kochen bringen, von der Kochstelle nehmen, die Kuvertüre hinzufügen und so lange rühren, bis eine glatte, glänzende Masse entstanden ist. Die Masse dann erkalten lassen.

2 Die kalte Kuvertüremasse mit Handrührgerät mit Rührbesen zu einer hellen, schaumigen Masse aufschlagen. Butter unterschlagen.

3 Aus dem Kastenkuchen der Länge nach ein keilförmiges Stück herausschneiden. Den keilförmigen Kuchen-Einschnitt mit $^{2}/_{3}$ der Creme füllen. Das herausgeschnittene Kuchenstück wie ein Dach auf den Kuchen setzen.

4 Den Kuchen ganz mit der restlichen Creme (etwas Creme in einen Spritzbeutel mit Lochtülle füllen) einstreichen. Den Kuchen mit der Creme aus dem Spritzbeutel verzieren und mit Silberperlen garnieren.

Abwandlung:
Anstelle des Haselnuss-Kuchens kann auch ein Schokoladen-Kuchen verwendet werden. Dann die Creme mit Vollmilch- oder weißer Kuvertüre zubereiten.

Tipp:
Nach Belieben zusätzlich 2 Esslöffel weißen Rum unter die Crememasse rühren.

F E D C

Fruchtige Käse-Sahne-Torte

Zubereitungszeit: 20 Min., ohne Kühlzeit

Insgesamt:
E: 89 g, F: 169 g, Kh: 212 g, kJ: 12426, kcal: 2970

- **2 Lagen von 1 hellen Wiener Boden (Ø 26 cm)**

Für die Füllung:
- **6 Blatt weiße Gelatine**
- **500 g Magerquark**
- **75 g Zucker**
- **200 ml Weißwein**
- **500 ml (1/2 l) Schlagsahne**

Für den Belag:
- **500 g gemischtes Obst (vorbereitet gewogen), z. B. Mandarinen und Aprikosen (aus der Dose), Erdbeeren, Kiwis, Melone**

Für den Guss:
- **1 Pck. Tortenguss, klar**
- **1 TL Zucker**
- **250 ml (1/4 l) klarer Apfelsaft**

- **20 g abgezogene, gehobelte Mandeln**

1 Den unteren Boden auf eine Tortenplatte legen und einen Tortenring darumstellen.

2 Für die Füllung die Gelatine nach Packungsaufschrift einweichen. Den Quark mit Zucker und Weißwein verrühren. Gelatine ausdrücken, auflösen und unterrühren. Sobald die Masse anfängt dicklich zu werden, die Sahne steif schlagen und unterheben.

3 Die Masse auf den Boden im Tortenring streichen und mit dem mittleren Boden bedecken. Die Torte für etwa 2 Stunden in den Kühlschrank stellen.

4 Für den Belag Mandarinen und Aprikosen auf einem Sieb abtropfen lassen, Aprikosen in Spalten schneiden. Erdbeeren waschen, entstielen, in Scheiben oder Viertel schneiden. Kiwis schälen und in Scheiben schneiden. Melone halbieren, die Kerne entfernen und aus dem Fruchtfleisch Kugeln ausstechen. Das vorbereitete Obst auf der Torte verteilen.

5 Für den Guss aus Tortenguss, Zucker und Apfelsaft nach Packungsaufschrift – aber mit den hier angegebenen Zutaten – einen Guss zubereiten, das Obst damit bestreichen und den Guss fest werden lassen.

6 Vor dem Servieren den Tortenring mit Hilfe eines Messers lösen. Den Tortenrand mit den Mandeln bestreuen.

Abwandlung:
Anstelle des Weißweins kann auch dieselbe Menge Apfel- oder Orangensaft für die Füllung verwendet werden.

Tipp:
Die übrige Tortenbodenlage einfrieren oder für ein Dessert verwenden.

Eierlikör-Trüffel-Torte

Zubereitungszeit: 30 Min., ohne Kühlzeit

Insgesamt:
E: 56 g, F: 252 g, Kh: 351 g, kJ: 17022, kcal: 4068

Für die Trüffelcreme:
- **200 g weiße Kuvertüre**
- **250 ml (1/4 l) Schlagsahne**
- **1 Pck. Sahnesteif**

- **1 heller Biskuitboden (Ø 26 cm, vom Bäcker)**

Zum Verzieren:
- **250 ml (1/4 l) Schlagsahne**
- **1 TL Sahnesteif**
- **7 EL Eierlikör**

- **30 g weiße Kuvertüre**

1 Für die Trüffelcreme die Kuvertüre grob zerkleinern und in der Sahne in einem Topf erwärmen, bis sie aufgelöst ist. Die Masse in eine Rührschüssel füllen und einige Stunden kalt stellen (evtl. über Nacht).

2 Den Boden einmal waagerecht durchschneiden und den unteren Boden auf eine Tortenplatte legen. Die Kuvertüre-Sahne mit Sahnesteif steif schlagen und die Hälfte davon auf den unteren Boden streichen. Den oberen Boden darauflegen und mit der restlichen Trüffelcreme bestreichen.

3 Zum Verzieren die Sahne mit Sahnesteif steif schlagen. Tortenrand und -oberfläche damit bestreichen und mit Hilfe eines Teelöffels Vertiefungen hineindrücken. Den Eierlikör darin verteilen. Mit Hilfe einer Gabel Muster in den Tortenrand ziehen.

4 Kuvertüre in einem kleinen Topf im Wasserbad bei schwacher Hitze zu einer geschmeidigen Masse verrühren, auf eine Platte streichen und fest werden lassen. Die Kuvertüre mit Hilfe eines Spachtels zu Locken schaben und die Torte damit garnieren.

Abwandlung:
Für eine Mozart-Trüffel-Torte anstelle des hellen einen dunklen Biskuitboden (evtl. beim Bäcker vorbestellen) verwenden. Die Trüffelcreme dann mit Vollmilch- oder Halbbitter-Kuvertüre zubereiten und den Eierlikör gegen Mozartlikör oder einen anderen Schokoladenlikör austauschen. Die Torte nach Belieben mit halbierten Mozartkugeln garnieren.

Hits für Kids

Diese neuen und raffinierten Tortenkreationen sind einfach Klasse und schmecken Groß und Klein.

Fruchtzwergentorte

Zubereitungszeit: 45 Min., ohne Gefrierzeit

Insgesamt:
E: 81 g, F: 185 g, Kh: 496 g, kJ: 17014, kcal: 4063

- **2 x 6 FruchtZwerge (Fruchtquark)**
- **1 Biskuit-Obstboden (Ø 26 cm)**

Für den Marzipanrasen:

- **200 g Marzipan-Rohmasse**
- **75 g gesiebter Puderzucker**
- **einige Tropfen grüne Speisefarbe**

Für die Sahnecreme:

- **250 ml (1/4 l) Schlagsahne**
- **1 TL Sahnesteif**
- **1 Becher (150 g) Vanillecreme**

Für die Erdbeerkäfer:

- **300 g dicke Erdbeeren**
- **50 g Halbbitter-Kuvertüre**

1 Die FruchtZwerge in der Verpackung gefrieren lassen. Den Obstboden auf eine Tortenplatte legen.

2 Für den Marzipanrasen Marzipan-Rohmasse mit Puderzucker und Speisefarbe verkneten und durch eine Kartoffelpresse drücken.

3 Für die Sahnecreme Sahne mit Sahnesteif steif schlagen. Die Vanillecreme unterheben. Die gefrorenen FruchtZwerge aus den Bechern stürzen und am Rand des Obstbodens verteilen.

4 Die Sahnecreme in einen Spritzbeutel mit glatter Tülle füllen und zwischen die FruchtZwerge und in die Tortenmitte spritzen. Die Torte in den Kühlschrank stellen.

(Fortsetzung Seite 40)

5 Für die Erdbeerkäfer Erdbeeren waschen, entstielen und halbieren. Kuvertüre grob zerkleinern und in einem kleinen Topf im Wasserbad zu einer geschmeidigen Masse verrühren. Die Kuvertüre in eine kleine Pergamentpapiertüte füllen, eine kleine Spitze abschneiden. Die Erdbeerhälften so damit verzieren, dass sie wie Marienkäfer aussehen.

6 Die Marzipanwürmchen so auf der Torte verteilen, dass sie wie Rasen aussehen. Die Torte mit den Erdbeerkäfern garnieren.

Paradiestorte

Zubereitungszeit: 20 Min., ohne Kühlzeit

Insgesamt:
E: 47 g, F: 288 g, Kh: 312 g, kJ: 17491, kcal: 4182

- **1 Biskuit-Obstboden (Ø 26 cm)**
- **1 Pck. (100 g) Waffelröllchen mit Vollmilchschokolade**

Für die Creme:

- **1 1/2 Pck. Paradies-Creme Vanille-Geschmack (Pudding-Pulver ohne Kochen)**
- **400 g Schmand (Sauerrahm)**
- **400 ml Schlagsahne**

Für den Belag:

- **500 g Erdbeeren**

Für den Guss:

- **1 Pck. Tortenguss, klar**
- **1 EL Zucker**
- **250 ml (1/4 l) Wasser**

- **geschabte Schokolade**

1 Den Obstboden auf eine Tortenplatte legen. Die Waffelröllchen an den Tortenrand legen.

2 Für die Creme die Paradies-Creme mit Schmand und Sahne mit dem Schneebesen gut verrühren. Die Masse auf den Obstboden geben, dabei die Waffelröllchen nicht vollständig bedecken. Die Torte kalt stellen.

3 Für den Belag die Erdbeeren waschen, abtropfen lassen und entstielen. Die Erdbeeren halbieren und kuppelartig auf der festgewordenen Creme verteilen.

4 Für den Guss aus Tortenguss, Zucker und Wasser nach Packungsaufschrift einen Guss zubereiten. Die Erdbeeren damit überziehen und den Guss fest werden lassen. Die Torte mit geschabter Schokolade garnieren.

Tipp:
Anstelle der Erdbeeren können auch gemischte Beerenfrüchte (frisch oder TK) verwendet werden. TK-Früchte unaufgetaut auf der Creme verteilen und sofort mit dem Guss überziehen.

Quark-Mandarinen-Torte

Zubereitungszeit: 50 Min., ohne Kühlzeit

Insgesamt:
E: 81 g, F: 214 g, Kh: 372 g, kJ: 15951, kcal: 3812

- **300 g Tortenbiskuits von „hig"**
- **200 ml Milch**

Für die Füllung:
- **1 Dose Mandarinen (Abtropfgewicht 175 g)**
- **6 Blatt weiße Gelatine**
- **250 g Magerquark**
- **100 g Zucker**
- **Saft von 1 Zitrone**
- **1 Prise Salz**
- **500 ml (1/2 l) Schlagsahne**

Zum Verzieren und Garnieren:
- **125 ml (1/8 l) Schlagsahne**
- **evtl. einige Mandarinenspalten**

1 Einen Springformrand (Ø 26 cm) auf eine Tortenplatte stellen, die Hälfte der Tortenbiskuits hineinlegen (1 Lage) und mit Hilfe eines Pinsels mit der Hälfte der Milch bestreichen.

2 Für die Füllung die Mandarinen auf einem Sieb abtropfen lassen. Die Gelatine nach Packungsaufschrift einweichen. Quark mit Zucker, Zitronensaft und Salz verrühren.

3 Die Gelatine ausdrücken, auflösen und unterrühren. Die Sahne steif schlagen und unterheben. Die abgetropften Mandarinen unterheben.

4 Die Hälfte der Masse in die Form geben und glattstreichen. Die restlichen Tortenbiskuits darauflegen und mit der restlichen Milch bestreichen. Die restliche Quarkmasse einfüllen und glattstreichen. Die Torte mindestens 3 Stunden kalt stellen.

5 Vor dem Servieren die Torte mit einem Messer aus dem Springformrand lösen. Die Sahne steif schlagen, in einen Spritzbeutel mit Lochtülle füllen und die Torte damit verzieren. Nach Belieben mit Mandarinenspalten garnieren.

Tipps:
Anstelle der Tortenbiskuits können ersatzweise auch Löffelbiskuits verwendet werden.
Nach Belieben 100 g Zartbitterschokolade in einem kleinen Topf im Wasserbad bei schwacher Hitze zu einer geschmeidigen Masse verrühren. Mit Hilfe eines Pinsels die untere Lage Tortenbiskuits vorsichtig mit der aufgelösten Schokolade bestreichen.

Fruttinatorte

Zubereitungszeit: 30 Min., ohne Kühlzeit

Insgesamt:
E: 127 g, F: 392 g, Kh: 376 g, kJ: 23947, kcal: 5720

Für den Boden:
- **150 g Eiswaffeln mit Füllung**
- **100 g Butter**

Für den Belag:
- **400 g Doppelrahm-Frischkäse**
- **100 g Zucker**
- **1 Pck. Vanillin-Zucker**
- **3 EL Zitronensaft**
- **1½ Pck. Fruttina Zitrone-Geschmack (Fruchtdessertpulver)**
- **250 ml (¼ l) Wasser**
- **400 ml Schlagsahne**

Für den Guss:
- **½ Pck. Fruttina Zitrone-Geschmack**
- **50 g Zucker**
- **250 ml (¼ l) Wasser**
- **125 ml (⅛ l) Schlagsahne**
- **18 Gelee-Zitronenscheibenhälften**

1 Für den Boden Eiswaffeln in einen Gefrierbeutel geben, den Beutel verschließen, die Eiswaffeln mit einer Teigrolle zerdrücken und in eine Schüssel geben.

2 Butter zerlassen, zu den Bröseln geben und gut verrühren. Die Masse gleichmäßig in einer Springform (Ø 26 cm, Boden gefettet, mit Backpapier belegt) verteilen und gut andrücken.

3 Für den Belag den Frischkäse mit Zucker, Vanillin-Zucker und Zitronensaft verrühren. Fruttina nach Packungsaufschrift – aber nur mit 250 ml (¼ l) Wasser – zubereiten und noch heiß mit Handrührgerät mit Rührbesen unter die Frischkäsemasse rühren.

4 Die Sahne steif schlagen und unterrühren. Die Masse in die Springform füllen und glattstreichen. Die Torte etwa 2 Stunden kalt stellen.

5 Für den Guss Fruttina mit Zucker und Wasser nach Packungsaufschrift – aber mit 250 ml (¼ l) Wasser – zubereiten. Fruttina vorsichtig, aber schnell auf dem Belag verteilen, glattstreichen und fest werden lassen.

6 Die Torte aus der Form lösen und auf eine Tortenplatte legen. Die Sahne steif schlagen, in einen Spritzbeutel mit mittelgroßer Sterntülle füllen und 16 Tupfen auf die Tortenoberfläche spritzen. Je 1 Geleefrucht an jeden Sahnetupfen lehnen. Die beiden restlichen Geleefrüchte in kleine Würfel schneiden und auf der Tortenmitte verteilen.

Abwandlung:
Wenn Sie lieber ungefüllte Eiswaffeln, wie z. B. Eiswaffelherzen verwenden, die Brösel mit 125 g Butter verrühren.

Tipp:
Den Tortenrand nach Belieben mit Puderzucker bestäuben.

Beerenstarke Super-Dickmann's-Torte

Zubereitungszeit: 30 Min., ohne Kühlzeit

Insgesamt:
E: 68 g, F: 181 g, Kh: 496 g, kJ: 16994, kcal: 4006

Für die Füllung:

- **18 Super Dickmann´s (große Schokoküsse)**
- **500 g Vollmilchjoghurt**
- **1 EL Zitronensaft**
- **1 Pck. Vanillin-Zucker**
- **2 EL Zucker**
- **300 g vorbereitete, gemischte Früchte, z. B. Erdbeeren, Heidelbeeren und Mandarinen (aus der Dose)**
- **40 g Cornflakes**
- **8 Blatt weiße Gelatine**
- **200 ml Schlagsahne**

- **1 Lage von 1 hellen Wiener Boden (Ø 26 cm)**

Zum Verzieren:

- **125 ml (1/8 l) Schlagsahne**
- **1/2 Pck. Sahnesteif**

1 Für die Füllung die Schaummasse der Schokoküsse von den Waffelböden ablösen und in eine Rührschüssel geben. Joghurt, Zitronensaft, Vanillin-Zucker und Zucker hinzugeben und alles verrühren. Eine Schüssel (Ø 22 cm, mit möglichst rundem Boden, mit Klarsichtfolie ausgelegt) mit den Waffelböden auslegen (mit der Unterseite nach außen).

2 Erdbeeren waschen, abtropfen lassen, entstielen und evtl. kleinschneiden. Heidelbeeren putzen, waschen und abtropfen lassen. Mandarinen auf einem Sieb abtropfen lassen. Die vorbereiteten Früchte und die Cornflakes unter die Joghurtmasse rühren.

3 Die Gelatine nach Packungsaufschrift einweichen, ausdrücken, auflösen und unter die Joghurt-Früchte-Masse rühren. Die Sahne steif schlagen und unterheben. Die Masse in die Schüssel füllen und über Nacht kalt stellen.

4 Vor dem Servieren den Biskuitboden auf eine Tortenplatte legen und den Schüsselinhalt mittig daraufstürzen, so dass außen ein gleichmäßiger Rand entsteht. Die Folie entfernen.

5 Die Sahne mit Sahnesteif steif schlagen, in einen Spritzbeutel mit Sterntülle füllen und den Biskuitbodenrand und nach Belieben die Torte damit verzieren.

Tipps:
Nach Belieben die Super-Dickmann´s-Torte zusätzlich mit Früchten garnieren. Die übrigen Gebäcklagen einfrieren.

Konfetti-Torte

Zubereitungszeit: 30 Min., ohne Kühlzeit

Insgesamt:
E: 66 g, F: 157 g, Kh: 258 g, kJ: 11692, kcal: 2799

Für Füllung und Belag:

- **je 1 Beutel aus 1 Pck. Götterspeise Himbeer-, Waldmeister- und Zitronen-Geschmack**
- **750 ml (3/4 l) Apfelsaft**
- **6 EL Zucker**

Für den Belag:

- **9 Blatt weiße Gelatine**
- **300 g Vollmilchjoghurt**
- **250 g Magerquark**
- **50 g Zucker**
- **1 Pck. Geriebene Zitronenschale**
- **400–500 ml Schlagsahne**

- **1 heller Biskuitboden (Ø 26 cm, vom Bäcker)**

1 Für Füllung und Belag die Götterspeise nach Sorten getrennt nach Packungsaufschrift – aber mit jeweils 250 ml (1/4 l) Apfelsaft und 2 Esslöffeln Zucker – zubereiten.

2 Die Flüssigkeit in drei flache, kalt ausgespülte Gefäße geben, kalt stellen und fest werden lassen.

3 Für den Belag die Gelatine nach Packungsaufschrift einweichen. Joghurt, Quark, Zucker und Zitronenschale verrühren. Gelatine ausdrücken, auflösen und unterrühren. Die Sahne steif schlagen und unterheben.

4 Den Biskuitboden einmal waagerecht durchschneiden. Den unteren Boden auf eine Tortenplatte legen und einen Tortenring oder einen mit Backpapier belegten Springformrand darumstellen.

5 Die Götterspeise in Würfel schneiden. Einige Würfel zum Garnieren zurücklassen, die restlichen unter die Creme heben. Die Creme in den Tortenring füllen.

6 Die restlichen Götterspeisewürfel auf der Oberfläche verteilen. Die Torte etwa 3 Stunden kalt stellen. Vor dem Servieren den Tortenring (Springformrand) entfernen.

Tipps:
Nach Belieben zum Verzieren die Götterspeise nicht in Würfel schneiden, sondern mit Hilfe von Förmchen Figuren ausstechen.
Die übrige Hälfte des Biskuitbodens einfrieren oder zu Konfekt verarbeiten.

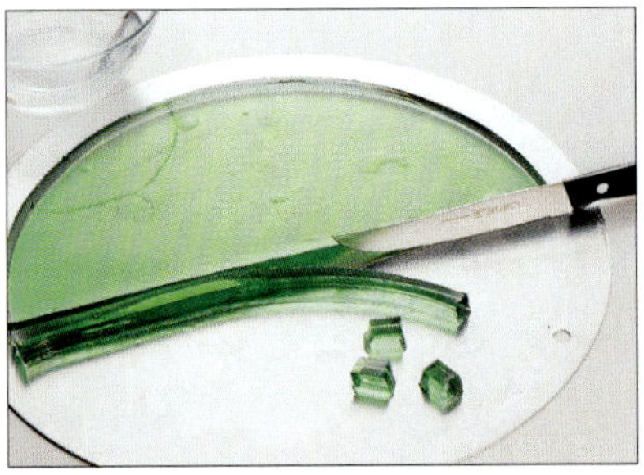

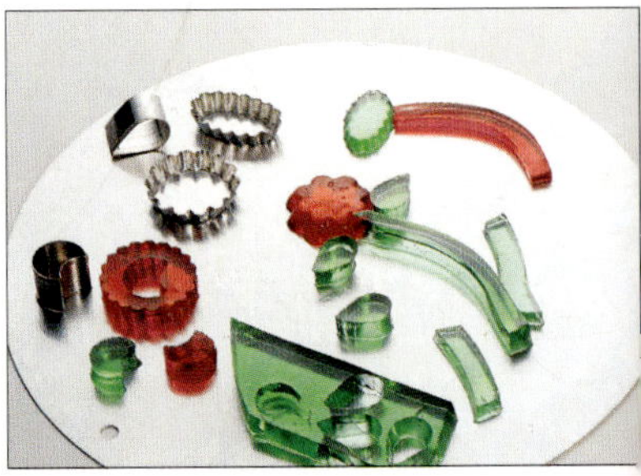

Sandwich-Schnitten

Zubereitungszeit: 35 Min.

Insgesamt:
E: 58 g, F: 394 g, Kh: 356 g, kJ: 22514, kcal: 5379

- **9 Butter- oder Toastwaffeln (1 1/2 Pck. à 300 g)**

Für die Salatblätter:
- **100 g Marzipan-Rohmasse**
- **50 g gesiebter Puderzucker**
- **4 Tropfen grüne Speisefarbe**

Für die Apfelfüllung:
- **250 ml (1/4 l) Schlagsahne**
- **1/2 Pck. Sahnesteif**
- **1 EL gesiebter Puderzucker**
- **1 grüner Apfel, z. B. Granny Smith**
- **2 EL Zitronensaft**

Für die Himbeerfüllung:
- **1/2 Pck. (150 g) TK-Himbeeren**
- **250 g Mascarpone (italienischer Frischkäse) oder Magerquark**
- **1 EL gesiebter Puderzucker**

- **6 grüne Weintrauben**
- **6 blaue Weintrauben**
- **6 Zahnstocher**

1 Die Waffeln diagonal halbieren.

2 Für die „Salatblätter" die Marzipan-Rohmasse mit Puderzucker verkneten, mit der Speisefarbe einfärben und zwischen Klarsichtfolie etwa 3 mm dünn ausrollen. Die Marzipanplatte in 5 cm breite Streifen schneiden und als „Salatblätter" auf 6 der Waffeldreiecke legen. Die Marzipanreste fein hacken.

3 Für die Apfelfüllung die Sahne mit Sahnesteif und Puderzucker steif schlagen. Den Apfel waschen, abtrocknen, vierteln, das Kerngehäuse entfernen. Den Apfel erst in dünne Scheiben, dann in feine Streifen schneiden und unter die Sahne rühren. Die Apfel-Sahne auf die „Salatblätter" häufen und mit je einem Waffeldreieck belegen.

4 Für die Himbeerfüllung Himbeeren auftauen lassen. Mascarpone oder Quark mit Puderzucker verrühren. Die Himbeeren mit dem Saft, der sich gebildet hat, unterrühren. Die Masse auf die Waffeldreiecke streichen und mit je einem Waffeldreieck belegen.

5 Die Weintrauben waschen, trockentupfen, je eine helle und dunkle Traube auf einen Zahnstocher stecken und die Sandwiches damit garnieren. Den gehackten Marzipanrest als „Schnittlauch" über die Sandwiches streuen.

Tipp:
Nach Belieben die aufgetauten Himbeeren pürieren und durch ein Sieb streichen.

Höhlentorte

Zubereitungszeit: 45 Min.

Insgesamt:
E: 37 g, F: 212 g, Kh: 326 g, kJ: 14373, kcal: 3435

- **1 heller Biskuitboden (Ø 26 cm, vom Bäcker)**

Für die Füllung:
- **1 kleine Dose Ananasscheiben (Abtropfgewicht 255 g)**
- **600 ml Schlagsahne**
- **1 Pck. Bourbon-Vanille-Zucker**
- **1 Pck. Sahnesteif**
- **1 EL Zucker**
- **100 g Vollmilch-Schokoladenraspel**

- **1 EL Puderzucker**

1 Den Boden auf der Oberfläche 2 cm vom Rand einschneiden und mit einem Löffel so aushöhlen, dass ein etwa 2 cm breiter Rand und Boden stehen bleibt. Den Boden auf eine Tortenplatte legen. Die Gebäckkrümel grob zerkleinern.

2 Für die Füllung Ananasscheiben auf einem Sieb abtropfen lassen. Die Sahne mit Bourbon-Vanille-Zucker und Sahnesteif steif schlagen.

3 Zucker, Schokoladenraspel und die Hälfte der ausgehöhlten Gebäckkrümel unterheben. Die Masse kuppelartig in den ausgehöhlten Boden füllen.

4 Die Ananasscheiben einmal waagerecht durchschneiden, so dass dünne Ringe entstehen und am Rand der Tortenoberfläche verteilen. Die restlichen Gebäckkrümel in der Tortenmitte verteilen. Die Torte mit Puderzucker bestäuben.

Tipps:
Nach Belieben die Torte zusätzlich mit aufgelöster Kuvertüre verzieren. Anstelle der Ananasscheiben können auch Mandarinenspalten (aus der Dose) verwendet werden.

Abwandlung:
Anstelle des hellen einen dunklen Biskuitboden vom Bäcker (evtl. vorbestellen) verwenden und wie in Punkt 1 beschrieben aushöhlen. Für die Füllung 600 ml Schlagsahne mit 1 Päckchen Sahnesteif, 2 Esslöffeln Zucker und 2 Esslöffeln gesiebtem Kakaopulver steif schlagen. ⅔ der Gebäckkrümel unterheben und die Masse ungleichmäßig in den ausgehöhlten Boden füllen. 4 Esslöffel Eierlikör darüberträufeln. Die restlichen Gebäckkrümel als Häufchen darauf verteilen und mit 2 Esslöffeln geraspelter, weißer Schokolade bestreuen.

Grüne Glibbertorte

Zubereitungszeit: 40 Min., ohne Kühlzeit

Insgesamt:
E: 61 g, F: 79 g, Kh: 337 g, kJ: 9845, kcal: 2353

- **100 g Halbbitter-Kuvertüre**
- **1 Lage von 1 dunklen Wiener Boden (Ø 26 cm)**

Für den Belag:

- **1 Beutel aus 1 Pck. Götterspeise Waldmeister-Geschmack**
- **200 ml Apfelsaft**
- **200 ml Wasser**
- **60 g Zucker**
- **250 g Magerquark**
- **1 EL Zucker**
- **1 Pck. Vanillin-Zucker**
- **1 Pck. Geriebene Zitronenschale**
- **200 ml Schlagsahne**
- **1 Pck. Sahnesteif**

1 Kuvertüre in einem kleinen Topf im Wasserbad bei schwacher Hitze zu einer geschmeidigen Masse verrühren und in eine kleine Pergamentpapiertüte füllen. Eine kleine Spitze abschneiden, unterschiedlich große Sterne auf Backpapier spritzen und erkalten lassen.

2 Den Boden auf 22 cm Durchmesser zurechtschneiden, auf eine Tortenplatte legen und einen Tortenring darumlegen (oder einen mit Backpapierstreifen ausgelegten Springformrand).

3 Für den Belag die Götterspeise mit Apfelsaft, Wasser und Zucker nach Packungsaufschrift – aber mit den hier angegebenen Zutaten – zubereiten und etwas abkühlen lassen.

4 Quark, Zucker, Vanillin-Zucker, Zitronenschale und 150 ml von der abgekühlten, noch flüssigen Götterspeise verrühren. Die restliche Götterspeise bei Zimmertemperatur aufbewahren, damit sie noch nicht fest wird.

5 Die Sahne mit Sahnesteif steif schlagen, unter die Quarkmasse heben und auf den Boden streichen. Die Torte etwa 1½ Stunden kalt stellen.

6 Die Tortenoberfläche mit Hilfe eines Esslöffels unregelmäßig eindrücken. Einige Schokoladensterne auf die Torte legen, bzw. in die Quarkmasse stecken. Die noch flüssige Götterspeise darübergießen. Die Torte nochmals 1 Stunde kalt stellen.

7 Vor dem Servieren den Tortenring (Springformrand) entfernen und die Torte mit den restlichen Schokoladensternen garnieren.

Tipps:

Die beiden übrigen Lagen des Wiener Bodens einfrieren. Anstelle des Wiener Bodens kann auch 1 Rührteig-Obstboden (Ø etwa 22 cm) verwendet werden.

Gerri-Charlotte

Zubereitungszeit: 25 Min., ohne Kühlzeit

Insgesamt:
E: 47 g, F: 257 g, Kh: 290 g, kJ: 15737, kcal: 3760

Für den Boden:
- **100 g Löffelbiskuits**
- **30 g geraspelte Schokolade**
- **80 g Butter**
- **½ TL Orangenfrucht**

Für den Rand:
- **6 Löffelbiskuits**
- **6 Milchschokoladen-Riegel mit Waffel und Nougatcremefüllung**

Für die Creme:
- **1½ Beutel aus 1 Pck. Götterspeise Zitrone-Geschmack**
- **6 EL kaltes Wasser**
- **200 ml Gerri Orange (Orangenlimonade)**
- **2 EL Zitronensaft**
- **120 g Zucker**
- **500 ml (½ l) Schlagsahne**

- **evtl. Obst, Marshmallows oder Weingummi**

1 Für den Boden die Löffelbiskuits in einen Gefrierbeutel geben, den Beutel verschließen, die Löffelbiskuits mit einer Teigrolle fein zerdrücken und in eine Schüssel geben.

2 Die Gebäckbrösel mit der Schokolade vermengen. Die Butter zerlassen, mit Orangenfrucht zu den Bröseln geben, gut verrühren, in eine Springform (Ø 22 cm, Boden gefettet) füllen und gut andrücken. Den Boden kalt stellen.

3 Für den Rand Löffelbiskuits und Schokoladenriegel quer halbieren und abwechselnd als Rand an den Springformrand stellen.

4 Für die Creme Götterspeise mit Wasser verrühren und etwa 10 Minuten quellen lassen. Dann unter Rühren erwärmen und auflösen. Gerri Orange, Zitronensaft und Zucker unterrühren und die Masse kalt stellen.

5 Wenn die Masse anfängt dicklich zu werden, Sahne steif schlagen und unterheben. Die Creme in die Form füllen und nicht ganz glattstreichen. Die Charlotte einige Stunden kalt stellen.

6 Den Springformrand entfernen, die Torte auf eine Tortenplatte legen und nach Belieben mit Obst-, Marshmallow- oder Weingummi-Spießen garnieren.

Schoko-Igel

Zubereitungszeit: 30 Min., ohne Kühlzeit

Insgesamt:
E: 60 g, F: 284 g, Kh: 539 g, kJ: 21222, kcal: 5068

- **1 dunkler Wiener Boden (Ø 26 cm, 3 Lagen)**

Für die Creme:

- **1 Pck. Pudding-Pulver Schokolade-Geschmack**
- **100 g Zucker**
- **1 Pck. Bourbon-Vanille-Zucker**
- **500 ml (1/2 l) kalte Milch**
- **50 g grob gehackte Zartbitter- oder Mokkaschokolade**
- **200 g weiche Butter**

- **125 ml (1/8 l) Schlagsahne**
- **1/2 TL Sahnesteif**
- **1 Pck. (100 g) Mikadostäbchen (Kekssticks mit Schokolade)**
- **bunte Schokolinsen mit Zuckerglasur**
- **1 TL Kakaopulver**

1 Mit Hilfe einer Schablone aus dem ganzen Wiener Boden einen Igel (tropfenförmig) schneiden. Die abgeschnittenen Gebäckränder zerbröseln.

2 Für die Creme Pudding-Pulver, Zucker und Bourbon-Vanille-Zucker mit etwas von der Milch anrühren. Die restliche Milch mit Schokolade zum Kochen bringen.

3 Das angerührte Pudding-Pulver in die von der Kochstelle genommene Schoko-Milch rühren und einmal aufkochen lassen. Erkalten lassen, dabei ab und zu umrühren.

4 Butter mit Handrührgerät mit Rührbesen geschmeidig rühren, den Pudding esslöffelweise unterrühren. Die Hälfte der Creme mit den Gebäckbröseln vermengen, die Igel-Gebäcklagen damit dünn bestreichen und zusammensetzen.

5 Den Igel ganz mit der restlichen Creme bestreichen, dabei den Körper etwas dicker bestreichen als den Kopf.

6 Sahne mit Sahnesteif steif schlagen und in einen Spritzbeutel mit glatter Tülle füllen. Den Igel damit verzieren.

7 Mikadostäbchen als Stacheln in den Igel stecken und mit Schokolinsen das Gesicht markieren. Den Schoko-Igel einige Zeit kalt stellen. Vor dem Servieren mit Kakao bestäuben.

Tipp:
Für die Creme darauf achten, dass Pudding und Butter die gleiche Temperatur (Zimmertemperatur) haben, da sonst die sogenannte Gerinnung eintritt.

Anlass-Torten

Ob Geburtstag, Weihnachten oder Muttertag, man muss die Feste feiern, wie sie fallen. Kein Problem mit diesen Torten!

Silvesterkuchen

Zubereitungszeit: 50 Min.

Insgesamt:
E: 93 g, F: 201 g, Kh: 980 g, kJ: 26752, kcal: 6388

- **je 2 Lagen von 1 hellen und 1 dunklen Wiener Boden (Ø 26 cm)**
- **7–8 EL Rum**
- **8–9 EL Johannisbeergelee**

Für den Belag:
- **200 g Marzipan-Rohmasse**
- **100 g gesiebter Puderzucker**

Für den Guss:
- **200 g Halbbitter-Kuvertüre**
- **20 g Kokosfett**

Zum Garnieren und Verzieren:
- **rote und grüne Speisefarbe**
- **50 g gesiebter Puderzucker**
- **etwas Zitronensaft**
- **30 g Vollmilchschokolade**

1 Alle Böden mit Hilfe von Schablonen in jeweils 6 gleichbreite Ringe schneiden. Einen großen hellen Biskuitring auf eine Tortenplatte legen, einen nächstkleineren dunklen Ring hineinlegen, dann den nächstkleineren hellen usw., bis ein Boden komplett ist. Den Boden mit Johannisbeergelee bestreichen.

2 Für die nächste Lage mit einem großen dunklen Ring beginnen. Auf diese Weise 4 Lagen im Schachbrettmuster aufeinanderlegen, dabei jede Lage und zum Schluss den gesamten Rand mit Johannisbeergelee bestreichen.

3 Für den Belag die Marzipan-Rohmasse mit Puderzucker verkneten. 1/3 davon zwischen 2 Lagen Klarsichtfolie zu einer Platte (Ø 26) ausrollen und auf den Kuchen legen. Das übrige Marzipan zum Garnieren beiseite legen.

4 Für den Guss die Kuvertüre grob zerkleinern und mit dem Kokosfett in einem kleinen Topf im

(Fortsetzung Seite 62)

Wasserbad bei schwacher Hitze zu einer geschmeidigen Masse verrühren. Den Kuchen damit überziehen und den Guss erkalten lassen.

5 Das restliche Marzipan mit Speisefarbe einfärben, ausrollen und Kleeblätter ausstechen oder Pilze und Schweinchen daraus formen.

6 Den Puderzucker mit so viel Zitronensaft verrühren, dass eine glatte Masse entsteht. Den Guss in ein Pergamentpapiertütchen füllen und den Rand der Tortenoberfläche damit verzieren. Mit dem restlichen Guss die Marzipanfiguren auf der Torte befestigen.

7 Die Schokolade in einem kleinen Topf im Wasserbad bei schwacher Hitze zu einer geschmeidigen Masse verrühren, in ein Pergamentpapiertütchen füllen und den Tortenrand damit verzieren.

Tipp:
Die übrigen Böden einfrieren oder zu Konfekt verarbeiten.

Überraschungstorte

Zubereitungszeit: 35 Min., ohne Kühlzeit

Insgesamt:
E: 56 g, F: 261 g, Kh: 261 g, kJ: 15703, kcal: 3750

Für die Schokoladencreme:
- **250 ml (1/4 l) Milch**
- **1 gestr. EL Speisestärke**
- **3 Eigelb (Größe M, ganz frisch)**
- **250 g Zartbitterschokolade**
- **150 g weiche Butter**

Zum Tränken:
- **125 ml (1/8 l) Milch**
- **1/2 Pck. Vanillin-Zucker**
- **etwa 200 g Löffelbiskuits**

- **25 g Schokolade**
- **etwas Kokosfett**

1 Für die Schokoladencreme Milch mit Speisestärke in einem Topf verrühren. Eigelb unterrühren und unter ständigem Schlagen erhitzen, bis eine Kochblase aufsteigt. Schokolade grob zerkleinern und in einem kleinen Topf im Wasserbad bei schwacher Hitze zu einer geschmeidigen Masse verrühren.

2 Die Butter mit Handrührgerät mit Rührbesen auf höchster Stufe geschmeidig rühren. Die Schokolade unterrühren. Die Masse zu der Eigelbcreme geben und gut verrühren.

3 Eine Springform (Ø 24 cm) am Boden und am Rand mit Back- oder Pergamentpapier auslegen.

4 Zum Tränken die Milch mit Vanillin-Zucker verrühren. Die Hälfte der Löffelbiskuits kurz darin wenden und den Boden der Springform damit auslegen (mit der gezuckerten Seite nach unten). Die Hälfte der Schokoladencreme darauf streichen.

5 Mit den restlichen, ebenfalls in der Vanillemilch gewendeten Löffelbiskuits bedecken. Mit der restlichen Schokoladencreme bestreichen und glattstreichen. Die Torte kalt stellen, bis die Creme fest geworden ist.

6 Das Gebäck aus der Form lösen, auf eine Tortenplatte stürzen und das Papier abziehen. Schokolade in kleine Stücke brechen und mit dem Kokosfett in einem kleinen Topf im Wasserbad bei schwacher Hitze zu einer geschmeidigen Masse verrühren. Die Torte mit Hilfe eines Löffels unregelmässig damit besprenkeln. Gut gekühlt servieren.

Weihnachtstorte

Zubereitungszeit: 55 Min., ohne Kühlzeit

Insgesamt:
E: 105 g, F: 577 g, Kh: 991 g, kJ: 40641, kcal: 9711

- **2 dunkle Wiener Böden (Ø 26 cm, à 3 Lagen)**

Für die Nougatcreme:

- **400 g Nussnougat**
- **500 g Butter**
- **175 g gesiebter Puderzucker**
- **1 Pck. Bourbon-Vanille-Zucker**
- **4 Eigelb (Größe M, ganz frisch)**

- **2–3 EL Himbeergelee**
- **2 EL Sherry**
- **dünne Edelbitter-Schokotäfelchen**
- **etwas Marzipan-Rohmasse**
- **Puderzucker**

1 Aus den 3 Lagen von 1 Wiener Boden 3 Platten von jeweils 18 cm Durchmesser ausschneiden. Den unteren großen Boden (Ø 26 cm) auf eine Tortenplatte legen.

2 Für die Nougatcreme Nussnougat in einem kleinen Topf im Wasserbad bei schwacher Hitze geschmeidig rühren und unter Rühren erkalten lassen. Die Butter mit Handrührgerät mit Rührbesen cremig rühren.

3 Die Nougatmasse unter die Butter rühren. Puderzucker und Bourbon-Vanille-Zucker in 2–3 Minuten unterrühren. Eigelb nach und nach unterrühren, so lange rühren, bis eine einheitliche Creme entstanden ist, evtl. kalt stellen.

4 Himbeergelee leicht erwärmen, den unteren großen Boden erst damit, dann mit 3 Esslöffeln Nougatcreme bestreichen und den mittleren großen Boden darauf legen. Mit Sherry beträufeln, zunächst mit etwas Himbeergelee und dann mit 3 Esslöffeln Nougatcreme bestreichen. Den oberen großen Boden darauf legen und sehr dünn mit Gelee bestreichen. Den Tortenrand dünn mit Nougatcreme bestreichen.

5 Die kleinen Böden in gleicher Reihenfolge wie die großen zusammensetzen und den Rand mit Nougatcreme bestreichen. Die bei den Torten locker und wellig – mit Hilfe eines Teelöffels – ebenfalls mit der Nougatcreme bestreichen. Die kleine Torte auf die große setzen.

6 Nach Belieben aus den Schokotäfelchen mit Hilfe von kleinen weihnachtlichen Ausstechförmchen Motive ausstechen. Dazu vorher die Förmchen kurz in heißes Wasser tauchen und abtupfen. Die Schokoladenreste in einem kleinen Topf im Wasserbad bei schwacher Hitze zu einer geschmeidigen Masse verrühren, in große Stern-Ausstechformen (auf Backpapier gelegt) füllen und erkalten lassen.

7 Die aus der Form gelösten Sterne mit Hilfe von etwas Marzipan-Rohmasse an goldene Stäbchen (Holzstäbchen mit Goldpapier umwickelt) befestigen und in die Torte stecken. Die Torte mit den Schoko-Motiven garnieren und leicht mit Puderzucker bestäuben. Die Torte gut gekühlt servieren.

Tipp:

Aus den Gebäckresten kleine Rumkugeln (siehe Seite 154) zubereiten.

Muttertagstorte

Zubereitungszeit: 45 Min., ohne Kühlzeit

Insgesamt:
E: 18 g, F: 183 g, Kh: 279 g, kJ: 12194, kcal: 2915

- **1 heller Biskuitboden vom Bäcker (Ø 26 cm)**

Für den Belag:

- **etwa 500 g Obst, z. B. Stachelbeeren (aus dem Glas), frische Erdbeeren**

Für den Guss:

- **2 Pck. Tortenguss, klar**
- **4 EL Zucker**
- **500 ml (1/2 l) Apfelsaft**

Für die Füllung:

- **1 Pck. Galetta Vanille-Geschmack (Pudding-Pulver ohne Kochen)**
- **300 ml Milch**
- **200 g weiche Butter**

- **3 EL Aprikosenkonfitüre**
- **einige abgezogenene, gehobelte Mandeln**

1 Den Biskuitboden einmal waagerecht durchschneiden.

2 Für den Belag Stachelbeeren auf einem Sieb abtropfen lassen. Erdbeeren waschen, entstielen und in Stücke schneiden.

3 Für den Guss aus Tortenguss, Zucker und Apfelsaft nach Packungsaufschrift einen Guss zubereiten. 2 Esslöffel davon abnehmen und beiseite stellen, das Obst unter den restlichen Guss rühren.

4 Eine Glasschale (Inhalt 3 l, Ø etwa 26 cm) mit 2 Papierstreifen (etwa 40 cm lang, zur Schüsselseite hin gefettet) über Kreuz auslegen. Die Obstmasse in die Schale geben, glattstreichen und kalt stellen.

5 Für die Füllung Galetta mit Milch nach Packungsaufschrift – aber nur mit 300 ml Milch – zubereiten. Butter geschmeidig rühren und esslöffelweise unter den Pudding rühren.

6 Knapp die Hälfte der Creme (gut 2 Esslöffel für den Rand beiseite stellen) auf die Obstmasse streichen und mit dem oberen Boden bedecken (evtl. von dem Rand etwas abschneiden). Aprikosenkonfitüre durch ein Sieb streichen und den Boden damit bestreichen.

7 Die restliche Creme daraufstreichen und mit dem unteren Boden bedecken (evtl. von dem Rand etwas abschneiden). Die Torte etwa 2 Stunden kalt stellen.

8 Die Mandeln in einer Pfanne ohne Fett bräunen und erkalten lassen. Die Schüssel kurz in heißes Wasser tauchen. Den oberen Rand mit einem Messer lösen, die Papierstreifen etwas anheben und die Torte auf eine Platte stürzen. Den unteren Gebäckrand mit der zurückgelassenen Creme bestreichen und mit den Mandeln bestreuen.

9 Den zurückgelassenen Guss nochmals etwas erwärmen und den Obstbelag damit bestreichen.

Tipp:
Für den Guss nach Belieben anstelle von Apfelsaft den Stachelbeersaft auffangen, mit Wasser auf 500 ml (1/2 l) auffüllen und verwenden.

Gute-Laune-Torte

Zubereitungszeit: 25 Min., ohne Kühlzeit

Insgesamt:
E: 63 g, F: 215 g, Kh: 656 g, kJ: 20492, kcal: 4898

- **1 Wiener Boden (Ø 26 cm, 3 Lagen)**
- **knapp 2 EL Waldfruchtkonfitüre**

Für die Beerenfüllung:

- **200 ml Wasser**
- **100 g Zucker**
- **600 g TK-Beeren-Cocktail**
- **1 Pck. Tortenguss, rot**
- **150 ml Beerensaft**
- **50 ml Himbeergeist**

Für die Sahnefüllung:

- **500 ml (1/2 l) Schlagsahne**
- **1 Pck. Sahnesteif**
- **1 EL Zucker**
- **1 Pck. Vanillin-Zucker**

Für den Guss:

- **2 Pck. Tortenguss, rot**
- **1 EL Zucker**
- **200 ml Himbeersirup**
- **200 ml Wasser**

- **75 g abgezogene, gehobelte Mandeln**

1 Den unteren Boden auf eine Tortenplatte legen und mit der Waldfruchtkonfitüre bestreichen, dabei 1 cm am Rand freilassen. Den mittleren Boden darauflegen. Einen Springformrand (Ø 26 cm, gefettet, mit Backpapier ausgelegt) darumlegen.

2 Für die Beerenfüllung Wasser und Zucker erhitzen, den Beeren-Cocktail damit übergießen und auftauen lassen. Auf einem Sieb abtropfen lassen, dabei die Flüssigkeit auffangen und 150 ml abmessen.

3 Aus Tortenguss, abgemessenem Beerensaft und Himbeergeist nach Packungsaufschrift – aber mit den hier angegebenen Zutaten – einen Guss zubereiten. Die Beeren unterrühren und erkalten lassen. Die Beerenfüllung dann gleichmäßig auf den mittleren Boden geben.

4 Für die Sahnefüllung Sahne mit Sahnesteif, Zucker und Vanillin-Zucker steif schlagen, auf die Beerenfüllung geben, glattstreichen und mit dem oberen Boden bedecken.

5 Für den Guss aus Tortenguss, Zucker, Himbeersirup und Wasser nach Packungsaufschrift – aber mit den hier angegebenen Zutaten – einen Guss zubereiten und sofort auf dem oberen Boden verteilen. Die Torte etwa 2 Stunden kalt stellen.

6 Die Mandeln in einer Pfanne ohne Fett anrösten und erkalten lassen. Vor dem Servieren Springformrand und Backpapier mit Hilfe eines Messers lösen. Den Tortenrand glattstreichen und mit den Mandeln bestreuen.

Tipp:

Die Torte nach Belieben mit Puderzuckerguss beschriften, mit steifgeschlagener Sahne verzieren, mit Violinschlüsseln garnieren (dafür dunkle Kuvertüre auflösen, in Form von Violinschlüsseln auf Pergamentpapier spritzen und fest werden lassen).

Torte zum Advent

Zubereitungszeit: 30 Min., ohne Kühlzeit

Insgesamt:
E: 54 g, F: 343 g, Kh: 368 g, kJ: 20953, kcal: 5007

Für den Boden:

- **150 g Spekulatius**
- **100 g nicht abgezogene, grob gemahlene Mandeln**
- **100 g Butter oder Margarine**

Für den Belag:

- **1 Glas Sauerkirschen (Abtropfgewicht 370 g)**
- **1 Glas Wild-Preiselbeer-Dessert (Abtropfgewicht 175 g)**
- **250 ml (1/4 l) Sauerkirsch-Preiselbeer-Saft-Mischung**
- **1 Pck. Tortenguss, rot**
- **2 EL Zucker**

Zum Verzieren und Garnieren:

- **500 ml (1/2 l) Schlagsahne**
- **1 Pck. Sahnesteif**
- **1 Pck. Bourbon-Vanille-Zucker**
- **12 Spekulatius**

1 Für den Boden Spekulatius in einen Gefrierbeutel geben, den Beutel verschließen, die Spekulatius mit einer Teigrolle sehr fein zerdrücken und mit den Mandeln in eine Schüssel geben.

2 Die Butter schmelzen, mit Spekulatiusbröseln und Mandeln gut vermengen, in eine Springform (Ø 24 cm, Boden gefettet) füllen und gut andrücken. Den Boden kalt stellen.

3 Für den Belag Kirschen und Preiselbeeren auf einem Sieb gut abtropfen lassen. Dabei den Saft auffangen und 250 ml (1/4 l) abmessen. Die gut abgetropften Früchte in die Form füllen.

4 Aus Tortenguss, Zucker und dem abgemessenen Saft nach Packungsaufschrift einen Guss zubereiten, über die Früchte gießen und kalt stellen.

5 Die Sahne mit Sahnesteif und Bourbon-Vanille-Zucker steif schlagen und in einen Spritzbeutel mit großer Sterntülle füllen.

6 Die Torte aus der Form lösen und auf eine Tortenplatte legen. 12 Stücke markieren und mit Sahne spiralförmig ausspritzen. An jede Sahnespirale ein Spekulatius fächerartig anlehnen.

Tipps:
Nach Belieben die Torte entweder nur mit Sauerkirschen oder nur mit Preiselbeeren (jeweils etwa 550 g) zubereiten. Zum Garnieren mit Schokolade überzogene Spekulatius verwenden.

Faschings-Torte

Zubereitungszeit: 45 Min., ohne Kühlzeit

Insgesamt:
E: 43 g, F: 292 g, Kh: 325 g, kJ: 17519, kcal: 4188

- **1 Biskuitboden (Ø 26 cm, vom Bäcker)**
- **1 EL Heidelbeerkonfitüre**

- **1 Apfel**
- **125 ml (1/8 l) Wasser**
- **Saft von 1 Zitrone**

Für die Füllung:

- **4 Blatt weiße Gelatine**
- **220 g Heidelbeeren (aus dem Glas)**
- **100 ml Heidelbeersaft**
- **700 ml Schlagsahne**
- **1 Pck. Sahnesteif**
- **1 EL Zucker**
- **2–3 Tropfen blaue und grüne Speisefarbe**

Zum Verzieren und Garnieren:

- **200 ml Schlagsahne**
- **1 Pck. Sahnesteif**
- **1 Pck. Vanillin-Zucker**
- **bunte Zuckerstreusel**
- **1 Waffelhörnchen**

1 Den Biskuitboden einmal waagerecht durchschneiden. Den unteren Boden auf eine Tortenplatte legen und mit der Heidelbeerkonfitüre bestreichen.

2 Den Apfel schälen, mit einem Apfelentkerner das Kerngehäuse ausstechen. Wasser und Zitronensaft in einen Topf geben und den Apfel etwa 5 Minuten darin garen. Den Apfel abtropfen und erkalten lassen.

3 Für die Füllung die Gelatine nach Packungsaufschrift einweichen. Die Heidelbeeren auf einem Sieb gut abtropfen lassen, dabei den Saft auffangen und 100 ml davon abmessen. Die Gelatine ausdrücken, auflösen, mit dem abgemessenen Heidelbeersaft verrühren und kalt stellen.

4 Die Sahne mit Sahnesteif und Zucker steif schlagen. Die Gelatineflüssigkeit unter die Hälfte der Sahne rühren. Zuletzt die Heidelbeeren vorsichtig unterheben.

5 Die Gelatine-Sahne-Masse bergartig auf den unteren Biskuitboden streichen. Den oberen Boden in 8 Tortenstücke schneiden und auf die Sahnemasse legen. Die restliche Sahne mit Speisefarbe türkis einfärben. Zuerst den Tortenrand damit bestreichen, dann die Sahne bergartig auf dem oberen Boden verstreichen. Den Apfel in die Mitte setzen.

6 Sahne mit Sahnesteif und Vanillin-Zucker steif schlagen, in einen Spritzbeutel mit Sterntülle füllen und die Tortenoberfläche damit verzieren. Mit den Zuckerstreuseln bestreuen. Ein Waffelhörnchen auf den Apfel setzen und nach Belieben verzieren.

Tipp:
Anstelle der Heidelbeeren können auch Preiselbeeren verwendet werden. Dann den Boden mit angedickten Preiselbeeren anstelle der Heidelbeerkonfitüre bestreichen.

Geburtstagstorte

Zubereitungszeit: 25 Min.

Insgesamt:
E: 75 g, F: 197 g, Kh: 715 g, kJ: 20758, kcal: 4961

Für den runden Kuchen:

- **1 Biskuit- oder Rührteigboden (Ø 26 cm, vom Bäcker)**
- **200 g Nussnougat**

Für den eckigen Kuchen:

- **1 dunkler Biskuitboden oder Schokoladen-Rührteigboden (Ø 26 cm, vom Bäcker)**
- **125 g Kirschkonfitüre**

Für den Guss:

- **300 g Vollmilch-Kuvertüre**

- **1 EL Fruchtsaft, z. B. Kirschsaft**
- **50 g weiße Kuvertüre**

1 Für den runden Kuchen den Biskuit- oder Rührteigboden einmal waagerecht durchschneiden. Nussnougat in einem kleinen Topf im Wasserbad bei schwacher Hitze geschmeidig rühren und den unteren Boden damit bestreichen. Den oberen Boden darauflegen und gut andrücken.

2 Für den eckigen Boden aus dem Biskuit- oder Schokoladen-Rührteigboden ein Rechteck (20 x 15 cm) schneiden. Das Rechteck einmal waagerecht durchschneiden, das untere Stück mit der Kirschkonfitüre bestreichen, mit dem oberen Stück bedecken und gut andrücken.

3 Für den Guss die Vollmilch-Kuvertüre in einem kleinen Topf im Wasserbad bei schwacher Hitze zu einer geschmeidigen Masse verrühren und die beiden Kuchen damit überziehen (etwas Kuvertüre zurücklassen). Wenn die Kuvertüre etwas fest geworden ist, den eckigen auf den runden Kuchen setzen.

4 Die Gebäckreste zerbröseln und mit dem Fruchtsaft verkneten. Aus der Masse kleine Kugeln formen, mit der zurückgelassenen Kuvertüre überziehen und fest werden lassen.

5 Die weiße Kuvertüre in einem kleinen Topf im Wasserbad bei schwacher Hitze zu einer geschmeidigen Masse verrühren, in ein Pergamentpapiertütchen füllen, eine kleine Ecke abschneiden und die Torte mit der Kuvertüre beschriften. Die Torte mit den Schokokugeln garnieren.

Tipp:
Nach Belieben Marzipan-Rohmasse mit etwas Puderzucker verkneten, mit verschiedenen Speisefarben einfärben, Figuren daraus formen und die Torte damit garnieren.

Happy Birthday

Partykuchen

Zubereitungszeit: 40 Min., ohne Kühlzeit

Insgesamt:
E: 70 g, F: 155 g, Kh: 445 g, kJ: 15028, kcal: 3590

- **60 g abgezogene, gehobelte Mandeln**

Für den Pudding:

- **2 Pck. Pudding-Pulver Vanille-Geschmack**
- **4 EL Zucker**
- **750 ml (3/4 l) Milch**
- **250 ml (1/4 l) Schlagsahne**

Für die rote Grütze:

- **1 Pck. Dr. Oetker Rote Grütze Himbeer-Geschmack (Dessertpulver, ohne Sago)**
- **1 EL Zucker**
- **500 ml (1/2 l) Kirschnektar**

- **1 Pck. (225 g) Zwiebäcke**

1 Die Mandeln in einer Pfanne ohne Fett anrösten und erkalten lassen. Mit der Hälfte der Mandeln den gefetteten Boden einer Springform (Ø 26 cm) ausstreuen.

2 Für den Pudding aus Pudding-Pulver, Zucker, Milch und Sahne nach Packungsaufschrift – aber mit den hier angegebenen Zutaten – einen Pudding zubereiten.

3 Die Rote Grütze mit Zucker und Kirschnektar nach Packungsaufschrift – aber mit den hier angegebenen Zutaten – zubereiten.

4 Ein Drittel der Zwiebäcke auf die Mandeln in die Springform legen (die Zwiebäcke am Rand der Form gegebenenfalls in die passende Form schneiden). Die Hälfte des Puddings daraufstreichen und mit einem weiteren Drittel der Zwiebäcke belegen.

5 Die Rote Grütze daraufstreichen, mit den restlichen Zwiebäcken belegen und mit dem restlichen Pudding bestreichen. Den Partykuchen mit Klarsichtfolie abdecken und über Nacht kalt stellen.

6 Vor dem Servieren den Kuchen aus der Form lösen, auf eine Tortenplatte legen und mit den restlichen Mandeln bestreut servieren.

Tipp:
Nach Belieben etwas von der roten Grütze in einen kleinen Gefrierbeutel füllen, eine kleine Ecke abschneiden und die letzte Puddingschicht damit besprenkeln.

Eistorten

(H)eis(s)geliebt und kalt verspeist. Diese tollen Eistorten werden Ihnen munden, und das nicht nur zur Sommerzeit ...

Gelati-Torte

Zubereitungszeit: 30 Min., ohne Gefrierzeit

Insgesamt:
E: 54 g, F: 318 g, Kh: 631 g, kJ: 24632, kcal: 5886

Für die Füllung:

- **750 ml Schokoladen-Eiscreme mit Schokostückchen**
- **100 g Amarenakirschen**
- **500 ml (1/2 l) Schlagsahne**
- **1 Pck. Sahnesteif**
- **125 g Zucker**
- **100 g Krokant**
- **2 EL Amarenalikör**

Für den Boden:

- **250 g Waffeltaler**

Zum Verzieren:

- **125 ml (1/8 l) Schlagsahne**
- **50 g Schokolade**

1 Boden und Rand einer Springform (Ø 26 cm) mit Pergament- oder Backpapier auslegen und gut gefrieren lassen.

2 Für die Füllung Schokoladen-Eiscreme antauen lassen und cremig rühren. Mit der Eismasse Boden und Rand der eiskalten Springform gleichmäßig ausstreichen. Wieder gefrieren lassen.

3 Die Amarenakirschen grob hacken. Die Sahne mit Sahnesteif und Zucker steif schlagen. Kirschenstücke, Krokant und Amarenalikör unterheben. Die Sahnemasse in die Form füllen und glattstreichen.

4 Für den Boden die Waffeltaler auf die Sahnemasse drücken. Die Torte einige Stunden gefrieren lassen.

5 Die Torte aus der Form lösen, auf eine Tortenplatte stürzen und das Papier entfernen. Die Sahne steif schlagen, in einen Spritzbeutel mit glatter Tülle füllen und in Tupfen auf die Torte spritzen.

(Fortsetzung Seite 80)

6 Die Schokolade in einem kleinen Topf im Wasserbad bei schwacher Hitze zu einer geschmeidigen Masse verrühren und in ein Pergamentpapiertütchen füllen. Eine kleine Spitze abschneiden und die Sahnetupfen mit der Schokolade verzieren.

Tipp:
Nach Belieben noch 2 Esslöffel gehackte Belegkirschen unter die Füllung heben.

Meringue-Torte mit Erdbeeren

Zubereitungszeit: 30 Min., ohne Durchzieh- und Gefrierzeit

Insgesamt:
E: 31 g, F: 197 g, Kh: 305 g, kJ: 14069, kcal: 3368

Für die Füllung:
- **750 g Erdbeeren**
- **3–4 EL Kirschwasser**
- **1–2 EL gesiebter Puderzucker**
- **500 ml (1/2 l) Schlagsahne**
- **1 Pck. Sahnesteif**
- **2 Pck. Vanillin-Zucker**

- **3 Baiserböden (Ø etwa 22 cm, vom Bäcker)**

Zum Verzieren:
- **125 ml (1/8 l) Schlagsahne**
- **1 Pck. Vanillin-Zucker**

1 Für die Füllung die Erdbeeren waschen, abtropfen lassen und entstielen. 2/3 der Erdbeeren vierteln, mit Kirschwasser beträufeln, mit Puderzucker bestäuben und etwa 3 Stunden zugedeckt durchziehen lassen. Die restlichen Erdbeeren beiseite stellen.

2 Die Sahne mit Sahnesteif und Vanillin-Zucker steif schlagen. Die marinierten Erdbeeren evtl. abtropfen lassen und unterheben.

3 Einen der Baiserböden auf eine Tortenplatte legen und einen Springformrand oder Tortenring darumstellen.

4 Die Hälfte der Erdbeersahne auf den Boden streichen, mit dem zweiten Boden bedecken und etwas andrücken. Die restliche Erdbeersahne darauf verteilen, den dritten Boden darauflegen. Die Torte mindestens 5 Stunden gefrieren lassen.

5 Etwa 30 Minuten vor dem Servieren Sahne mit Vanillin-Zucker steif schlagen, die Torte ganz mit der Sahne bestreichen und mit den restlichen Erdbeeren garnieren.

Abwandlung:
Anstelle der Erdbeeren können auch Himbeeren verwendet werden. Dann nach Belieben das Kirschwasser gegen Himbeergeist austauschen.

Tipp:
Nach Belieben die Torte zusätzlich mit einigen Baisertupfen garnieren.

Schoko-Mandel-Parfait-Torte

Zubereitungszeit: 30 Min., ohne Gefrierzeit

Insgesamt:
E: g, F: g, Kh: g,
kJ: , kcal:

- **1 Biskuit-Obstboden (Ø etwa 24 cm)**

Für die Schokoladenlocken:

- **125 g Halbbitter-Kuvertüre**
- **25 g Kokosfett**

Für die Füllung:

- **100 g abgezogene, gehobelte Mandeln**
- **3 Baiserschalen (vom Bäcker)**
- **500 ml (1/2 l) Schlagsahne**
- **2 Pck. Sahnesteif**
- **1 Pck. Bourbon-Vanille-Zucker**

- **evtl. Puderzucker**
- **evtl. Kakaopulver**

1 Den Obstboden auf eine Tortenplatte legen und einen Tortenring darumstellen.

2 Für die Schokoladenlocken Kuvertüre mit Kokosfett in einem kleinen Topf im Wasserbad bei schwacher Hitze zu einer geschmeidigen Masse verrühren. Den Obstboden mit 2 Esslöffeln Kuvertüre bestreichen.

3 Die restliche Kuvertüre dünn auf einem Marmorbrett oder einer glatten Tortenplatte verteilen und fest werden lassen. Dann mit Hilfe eines Spachtels Locken schaben.

4 Für die Füllung Mandeln in einer Pfanne ohne Fett goldbraun rösten und erkalten lassen. Die Baiserschalen in sehr kleine Stücke brechen.

5 Sahne mit Sahnesteif und Bourbon-Vanille-Zucker steif schlagen. Die Mandeln (1 Esslöffel zum Garnieren zurücklassen), Baiserstücke (1/4 der Stücke zum Garnieren zurücklassen) und Schokoladenlocken (1/4 der Schokoladenlocken zum Garnieren zurücklassen) unterheben.

6 Die Masse auf den Tortenboden geben und glattstreichen. Die Torte mindestens 3–4 Stunden gefrieren lassen.

7 Kurz vor dem Servieren den Tortenring entfernen. Die Tortenoberfläche mit den zurückgelassenen Baiserstücken, Schokoladenlocken und Mandeln garnieren. Nach Belieben mit Puderzucker und Kakao bestäuben.

Tipp:

Die Sahnemasse nach Belieben mit 2–3 Esslöffeln Sherry abschmecken.

Fürst-Pückler-Eistorte

Zubereitungszeit: 30 Min., ohne Gefrierzeit

Insgesamt:
E: 75 g, F: 216 g, Kh: 621 g, kJ: 20760, kcal: 4961

Für den Boden:
- **1 Pck. (100 g) Blätterteig-Brezeln**
- **50 g Zartbitterschokolade**

Für die Füllung:
- **1 Pck. (750 ml) Vanille-Eiscreme**
- **1 Pck. (750 ml) Schokoladen-Eiscreme**
- **1 Pck. (750 ml) Erdbeer-Eiscreme**

Zum Garnieren und Verzieren:
- **250 g Erdbeeren**
- **50 g weiße Kuvertüre**
- **20 g Kokosfett**
- **250 ml (1/4 l) Schlagsahne**

1 Für den Boden einen Tortenring (Ø 26 cm) auf eine Tortenplatte stellen und eng mit den Blätterteig-Brezeln auslegen. Die Schokolade in einem kleinen Topf im Wasserbad bei schwacher Hitze zu einer geschmeidigen Masse verrühren, und die Brezeln damit besprenkeln. Den Boden gefrieren lassen.

2 Für die Füllung alle Eiscremesorten etwas antauen lassen und getrennt in einer Schüssel cremig rühren. Jede Sorte in einen Spritzbeutel mit großer Sterntülle füllen und abwechselnd von außen nach innen je einen Ring pro Sorte auf den Gebäckboden spritzen. Den Vorgang bis zur Tortenmitte wiederholen.

3 Bei der zweiten Lage mit einer anderen Sorte außen anfangen. Den Vorgang so lange wiederholen, bis die Eiscremes verbraucht sind. Die Torte einige Stunden gefrieren lassen.

4 Zum Garnieren und Verzieren die Erdbeeren waschen und abtropfen lassen. Kuvertüre mit Kokosfett in einem kleinen Topf im Wasserbad bei schwacher Hitze zu einer geschmeidigen Masse verrühren. Die Erdbeeren etwa zur Hälfte eintauchen und die Kuvertüre fest werden lassen.

5 Den Tortenring entfernen. Sahne steif schlagen, in einen Spritzbeutel mit großer Sterntülle füllen und in Ringen auf die Torte spritzen. Die Eistorte mit den Erdbeeren garnieren.

Abwandlung:
Nach Belieben anstelle der Blätterteig-Brezeln Löffelbiskuits (nicht zerbröselt) für den Boden verwenden.

Tipp:
Um die Eiscreme-Ringe zügig spritzen zu können, können auch Einmal-Spritztüten für jede Eiscremesorte verwendet werden.

Pflaumenparfait-Torte

Zubereitungszeit: 40 Min., ohne Kühl- und Gefrierzeit

Insgesamt:
E: 45 g, F: 116 g, Kh: 527 g, kJ: 15145, kcal: 3618

Für Boden und Garnitur:

- **150 g Vitalis Knusper Grains mit Zimt**
- **2 Baiserschalen (vom Bäcker)**
- **150 g Halbbitter-Kuvertüre**

Für die Creme:

- **500 g Pflaumen (vorbereitet gewogen)**
- **50 g Zucker**
- **3 EL Pflaumenmus**
- **abgeriebene Schale von 1 Zitrone (unbehandelt)**
- **1–2 EL Zitronensaft**
- **2 Msp. gemahlener Zimt**
- **4 EL Pflaumenschnaps**
- **5 Eigelb (Größe M, ganz frisch)**
- **100 g Zucker**
- **250 ml (1/4 l) Schlagsahne**

1 Für Boden und Garnitur die Knusper Grains sehr fein hacken. Baiserschalen hacken. Beide Zutaten in eine Schüssel geben. Kuvertüre grob zerkleinern, in einem kleinen Topf im Wasserbad bei schwacher Hitze zu einer geschmeidigen Masse verrühren, hinzufügen und gut vermengen.

2 Aus der Masse 2 Böden (Ø 26 und 24 cm) auf 2 mit Pergament- oder Backpapier belegte Platten streichen und kalt stellen.

3 Für die Creme Pflaumen waschen, halbieren und entsteinen. Zucker in einem Topf erhitzen und goldbraun karamelisieren lassen. Pflaumen und Pflaumenmus unterrühren und etwa 10 Minuten dünsten.

4 Zitronenschale und -saft, Zimt und Pflaumenschnaps unterrühren. Die Masse pürieren und erkalten lassen.

5 Eigelb mit Zucker sehr cremig aufschlagen. Das Pflaumenpüree unterrühren. Die Sahne steif schlagen und unterheben.

6 Von dem größeren Knusper-Schokoladenboden das Papier entfernen, den Boden auf eine Tortenplatte legen und einen Tortenring darumstellen. Die Masse einfüllen, glattstreichen und einige Stunden gefrieren lassen.

7 Die Torte vor dem Servieren etwa 15 Minuten in den Kühlschrank stellen. Den kleineren Knusper-Schokoladenboden entweder in Stücke brechen oder mit einem heissen, scharfen Messer in 10–12 Tortenstücke schneiden und die Torte damit garnieren.

Tipp:
Nach Belieben vor dem Garnieren die Torte mit steifgeschlagener Sahne verzieren und die Knusperboden-Stücke daran lehnen.

Erdbeer-Baiser-Eistorte

Zubereitungszeit: 20 Min., ohne Gefrierzeit

Insgesamt:
E: 49 g, F: 338 g, Kh: 427 g, kJ: 21406, kcal: 5123

Für das Erdbeereis:
- **500 g Erdbeeren**
- **100–125 g gesiebter Puderzucker**
- **2 Pck. Vanillin-Zucker**
- **etwas Zitronen-Aroma**
- **500 g Mascarpone (italienischer Frischkäse)**

Für die Füllung:
- **400 ml Schlagsahne**
- **1 Pck. Sahnesteif**
- **1 Pck. Vanillin-Zucker**
- **500 g Erdbeeren**

- **3 Baiserböden (Ø 22 cm, vom Bäcker)**

Zum Garnieren:
- **50 g schwarze Johannisbeeren**
- **einige Erdbeerblättchen**

1 Für das Erdbeereis die Erdbeeren waschen, gut abtropfen lassen, entstielen und pürieren. Das Erdbeerpüree mit Puderzucker, Vanillin-Zucker und Zitronen-Aroma verrühren.

2 Mascarpone mit einem Schneebesen glattrühren, die Erdbeermasse unterrühren. Die Masse in der Eismaschine gefrieren lassen.

3 Das Eis mit einem Eisportionierer zu kleinen Halbkugeln (Ø 2,5 cm) formen und bis zur weiteren Verwendung in das Gefrierfach stellen.

4 Für die Füllung die Sahne mit Sahnesteif und Vanillin-Zucker steif schlagen und in einen Spritzbeutel mit gezackter Tülle geben. Die Erdbeeren waschen, gut abtropfen lassen und entstielen. Die Hälfte der Erdbeeren in Scheiben, den Rest in Würfel schneiden.

5 Einen der Baiserböden auf eine Tortenplatte legen, mit 1/3 der Eishalbkugeln belegen, in die Zwischenräume Sahne und Erdbeerwürfel, an den Rand Erdbeerscheiben geben. Den zweiten Boden auflegen, ebenso belegen und mit dem dritten Boden bedecken.

6 Auf der Tortenoberfläche Eis, Sahne und Erdbeerscheiben leicht kuppelförmig anrichten und mit Johannisbeeren und Erdbeerblättchen garnieren.

Abwandlungen:

Das Erdbeereis nach Belieben mit etwas Cassis-Likör abschmecken. Anstelle der Erdbeeren können auch Himbeeren verwendet werden.

Tipps:

Wer keine Eismaschine hat, kann die Eiscreme auch in Gefrierschrank oder Kühltruhe gefrieren lassen. Dann die Masse ab und zu umrühren.
Noch schneller geht´s, wenn fertige Erdbeer-Eiscreme (etwa 1 l) verwendet wird.

Kiwi-Eis-Torte

Zubereitungszeit: 45 Min., ohne Gefrierzeit

Insgesamt:
E: 87 g, F: 222 g, Kh: 656 g, kJ: 22044, kcal: 5263

Für den Boden:
- **2 Pck. (à 100 g) Blätterteig-Brezeln**

Für die Füllung:
- **5 Kiwis**
- **200 g Aprikosenkonfitüre**
- **2 EL Orangenlikör**
- **3 Pck. (je 750 ml) Sahne- oder Vanille-Eiscreme**

Zum Verzieren und Garnieren:
- **1 Dose Mandarinen (Abtropfgewicht 175 g)**
- **3 Kiwis**
- **250 ml (1/4 l) Schlagsahne**
- **2 EL Zucker**
- **1 Pck. Sahnesteif**

1 Für den Boden den Boden einer Springform (Ø 28 cm) mit einem Teil der Blätterteig-Brezeln auslegen.

2 Für die Füllung die Kiwis schälen, grob zerkleinern, mit Aprikosenkonfitüre und Orangenlikör mischen und mit einem Mixstab pürieren.

3 Die Eiscreme etwa 15 Minuten im Kühlschrank antauen lassen, die Hälfte der Eiscreme auf den Brezeln verteilen, etwas andrücken und die Kiwimasse darübergeben. Mit der restlichen Eiscreme bedecken. Die Eiscreme mit den restlichen Brezeln belegen und etwa 3 Stunden gefrieren lassen.

4 Die Mandarinen auf einem Sieb abtropfen lassen. Die Kiwis schälen und in Scheiben schneiden. Die Kiwischeiben auf die Brezeln legen, dabei einen Außenrand von etwa 2 cm frei lassen, damit die Brezeln etwas sichtbar bleiben.

5 Die Sahne mit Zucker und Sahnesteif steif schlagen und auf die Kiwischeiben streichen. Mit Hilfe eines Esslöffels Vertiefungen in die Sahne eindrücken. Die Torte mit den Mandarinen garnieren.

6 Die Torte vor dem Servieren aus der Springform lösen, auf eine Tortenplatte legen und etwas antauen lassen.

Abwandlung:
Anstelle von Mandarinen frische Erdbeeren zum Garnieren verwenden.

Tipp:
Die Torte kann auch bereits am Vortag oder einige Tage vorher zubereitet werden. Sie dann erst kurz vor dem Servieren mit Sahne und Früchten garnieren.

Erdbeer-Eistorte mit Waffelherzen

Zubereitungszeit: 30 Min., ohne Gefrierzeit

Insgesamt:
E: 39 g, F: 72 g, Kh: 461 g, kJ: 11901, kcal: 2845

- **1 l Erdbeer-Eiscreme**
- **750 ml Vanille-Eiscreme**
- **32 Stück (2 Pck.) Eiswaffelherzen**
- **150 g Erdbeerkonfitüre**
- **2 EL Orangenlikör**

Zum Garnieren:

- **einige frische Erdbeeren**
- **Schokoladenlocken**
- **Puderzucker**

1 Erdbeer- und Vanille-Eiscreme etwa 15 Minuten antauen lassen. Einen Springformrand (Ø 24 cm) auf eine Tortenplatte stellen und den Boden mit den Eiswaffelherzen auslegen. Einige Waffeln zum Garnieren des Tortenrandes zurücklassen.

2 Die Erdbeer-Eiscreme auf den Waffeln verstreichen. Die Konfitüre mit dem Orangenlikör verrühren und daraufstreichen. Die Vanilleeiscreme darauf verteilen und glattstreichen. Die Torte mindestens 4 Stunden gefrieren lassen.

3 Den Springformrand mit Hilfe eines Messers lösen. Die Spitzen der restlichen Eiswaffeln vorsichtig abbrechen und die Waffeln an den Tortenrand drücken.

4 Die Erdbeeren waschen, gut abtropfen lassen, entstielen, je nach Größe halbieren oder vierteln und auf die Torte legen. Die Torte mit Schokoladenlocken garnieren und mit Puderzucker bestäuben.

Abwandlung:

Wenn Kinder mitessen, den Orangenlikör durch Orangensaft ersetzen.

Tipp:

Die Schokoladenlocken lassen sich einfach selber machen, indem man mit einem Spachtel (aus dem Baumarkt) über die Rückseite einer Tafel Schokolade schabt. Dabei ist es wichtig, dass man auf sich zuschabt und nicht vom Körper weg.

Knusper-Eistorte

Zubereitungszeit: 30 Min., ohne Gefrierzeit

Insgesamt:
E: 40 g, F: 229 g, Kh: 245 g, kJ: 13901, kcal: 3322

Für den Boden:

- **120 g Waffeln ohne Füllung, z. B. Eiswaffelherzen**
- **50 g weiche Butter**

Für den Belag:

- **3 Eigelb (Größe M, ganz frisch)**
- **60 g Zucker**
- **1 Pck. Vanillin-Zucker**
- **60 g Marzipan-Rohmasse**
- **1 kleine Saftorange (unbehandelt)**
- **1 EL Orangenlikör**
- **300 ml Schlagsahne**
- **125 ml (1/8 l) flüssige Schokoladenglasur für Eis**

- **evtl. Orangenfilets und Orangenschalenstreifen**

1 Für den Boden die Waffeln in einen Gefrierbeutel geben, den Beutel verschließen, die Waffeln mit einer Teigrolle fein zerdrücken und in eine Schüssel geben.

2 Die Gebäckbrösel mit der Butter vermengen, in eine Springform (Ø 18 cm, Boden gefettet) füllen, andrücken und gefrieren lassen.

3 Für den Belag Eigelb mit Zucker und Vanillin-Zucker schaumig rühren. Marzipan-Rohmasse auf einer groben Reibe dazu raspeln und zu einer geschmeidigen Masse rühren.

4 Von der Orange die Schale abreiben, den Saft auspressen. Orangenschale und 2 Esslöffel Orangensaft mit dem Orangenlikör zu der Eigelbcreme geben und unterrühren.

5 Die Sahne steif schlagen und unterheben. Die Creme in einer flachen Schüssel etwa 1½ Stunden gefrieren lassen, bis das Eis streichfähig ist.

6 Die erste Schicht Eis etwa 3 cm dick auf den Waffelboden streichen und darüber eine dünne Schicht Schokoladenglasur spritzen, so dass das Eis bedeckt ist. Die Schicht kurz gefrieren lassen.

7 Dann die zweite Eisschicht einfüllen, mit Schokoladenglasur abdecken und wieder gefrieren lassen. So lange fortfahren, bis das Eis aufgebraucht ist. Die letzte Schicht sollte aus Eis bestehen. Die Torte mindestens 3 Stunden gefrieren lassen.

8 Die Torte aus der Form lösen, mit Schokoladenglasur besprenkeln und nach Belieben mit Orangenfilets und -schale garnieren. Zum Servieren mit dem elektrischen Messer schneiden.

Tipp:
Die Orangenfilets zum Garnieren kurz gefrieren lassen und dann mit der Schokoladenglasur besprenkeln.

GUT VORZUBEREITEN

Obstparfait-Torte

Zubereitungszeit: 30 Min., ohne Gefrierzeit

Insgesamt:
E: 71 g, F: 207 g, Kh: 396 g, kJ: 16326, kcal: 3901

- **1 heller Wiener Boden (Ø 26 cm, 3 Lagen)**

Für die Füllung:

- **3 Eigelb (Größe M, ganz frisch)**
- **75 g Zucker**
- **1 Pck. Bourbon-Vanille-Zucker**
- **3 EL Weinbrand**
- **3 Eiweiß (Größe M, ganz frisch)**
- **500 ml (1/2 l) Schlagsahne**
- **2 Pck. Sahnesteif**
- **200 g Obst, z. B. Nektarinen, Weintrauben, Erdbeeren, Heidelbeeren (vorbereitet gewogen)**
- **20 g gehackte Pistazienkerne**

Zum Garnieren:

- **10 g gehackte Pistazienkerne**
- **Früchte nach Belieben**

1 Die Böden zu einem Rechteck (24 x 11 cm) schneiden.

2 Für die Füllung Eigelb, Zucker, Bourbon-Vanille-Zucker und Weinbrand cremig rühren. Eiweiß steif schlagen. Die Sahne mit Sahnesteif steif schlagen. Beides unter die Eigelbmasse heben.

3 Das Obst vorbereiten: Nektarinen waschen, trockentupfen, entsteinen und in Würfel schneiden. Weintrauben waschen, trockentupfen, halbieren und entkernen. Erdbeeren waschen, abtropfen lassen, entstielen und nach Belieben kleinschneiden. Heidelbeeren waschen und trockentupfen. Das Obst mit den Pistazien unter die Eier-Sahne-Masse heben.

4 Füllung und Gebäckrechtecke abwechselnd in eine Kastenform (30 x 11 cm) schichten, dabei die einzelnen Gebäcklagen mit den abgeschnittenen Gebäckresten auf die Kastenformgröße auffüllen. Die obere und die untere Lage sollte aus Füllungsmasse bestehen. Die Masse gefrieren lassen (am besten über Nacht).

5 Das Parfait vor dem Verzehr 10–15 Minuten bei Zimmertemperatur stehen lassen. Die Form kurz in heißes Wasser tauchen, das Parfait mit einem Messer vom Rand der Form lösen und auf eine Platte stürzen. Mit Pistazienkernen bestreuen und nach Belieben mit Früchten garnieren.

Tipp:
Nach Belieben die Gebäckreste zerkrümeln, mit etwas Weinbrand vermischen, in aufgelöste Kuvertüre tauchen und fest werden lassen. Die Kugeln zu dem Parfait servieren.

Dalmatinertorte

Zubereitungszeit: 30 Min., ohne Kühl- und Gefrierzeit

Insgesamt:
E: 97 g, F: 180 g, Kh: 1044 g, kJ: 26951, kcal: 6438

Für Boden und Garnitur:
- **100 g Vollmilch-Kuvertüre**
- **200 g weiße Kuvertüre**
- **150 g Kellogg's Corn Pops**

Für den Belag:
- **2 Pck. (à 750 ml) Stracciatella-Eiscreme**
- **1 Pck. (750 ml) Schokoladen-Eiscreme**
- **75 g Vollmilch-Schokoladenflocken**

1 Für Boden und Garnitur beide Kuvertüresorten grob zerkleinern und getrennt in einem kleinen Topf im Wasserbad bei schwacher Hitze zu einer geschmeidigen Masse verrühren.

2 Die Corn Pops in einen Gefrierbeutel geben, den Beutel verschließen, die Corn Pops mit einer Teigrolle grob zerdrücken und 2/3 davon mit der weißen Kuvertüre vermengen. 2/3 der Kuvertüre-Corn-Pops-Masse in eine Springform (Ø 26 cm, Boden mit Pergament- oder Backpapier ausgelegt) füllen und glattstreichen.

3 Die restliche Kuvertüre-Corn Pops-Masse als Häufchen auf ein Stück Pergament- oder Backpapier setzen. Die restlichen Corn Pops mit etwas von der Vollmilch-Kuvertüre vermengen, ebenfalls als Häufchen auf das Papier setzen und kalt stellen.

4 Die restliche Vollmilch-Kuvertüre mit Hilfe eines Löffels auf den Corn-Pops-Boden klecksen und den Boden kalt stellen.

5 Für den Belag beide Eiscremesorten antauen lassen. Die Stracciatella-Eiscreme mit den Schokoladenflocken vermengen und mit Hilfe von 2 Esslöffeln mit Abstand in Häufchen auf den Corn-Pops-Boden setzen. Die Schokoladen-Eiscreme in die Zwischenräume setzen und die Torte gefrieren lassen.

6 Die Dalmatinertorte vor dem Servieren aus der Form lösen und das Papier entfernen. Die Torte auf eine Tortenplatte setzen und mit den Corn-Pops-Häufchen garnieren.

Dessert-torten

Diese Torten eignen sich nicht nur als krönender Abschluss eines Menüs, sie sind auch eine Bereicherung für jede Kaffeetafel.

Mont-Blanc-Pyramide

Zubereitungszeit: 35 Min.

Insgesamt:
E: 50 g, F: 337 g, Kh: 256 g, kJ: 19011, kcal: 4541

Für die Kaffeecreme:

- **5 Eigelb (Größe M, ganz frisch)**
- **40 g Zucker**
- **1 Pck. Vanillin-Zucker**
- **5 EL starker Kaffee**
- **1 Fläschchen Rum-Aroma**
- **250 g Butter**
- **75 g geriebene Toblerone Mini**

- **45 Löffelbiskuits**
- **125 ml (1/8 l) Sherry-Brandy**
- **50 g geschabte Toblerone Mini**
- **125 ml (1/8 l) Schlagsahne**
- **3 Toblerone Mini**

1 Für die Kaffeecreme Eigelb mit Zucker, Vanillin-Zucker, Kaffee und Rum-Aroma im Wasserbad dickschaumig schlagen. Aus dem Wasserbad nehmen und kalt schlagen.

2 Die Butter schaumig rühren und die Eigelbmasse esslöffelweise unterrühren. Die geriebene Toblerone unterrühren.

3 Die Löffelbiskuits mit dem Brandy tränken. Auf eine längliche Kuchenplatte 3 x 4 Löffelbiskuits als Pyramidenboden auflegen und gleichmäßig mit der Kaffeecreme bestreichen.

4 Danach 3 x 3 Löffelbiskuits auflegen, dann nochmals 3 x 3, danach 3 x 2 und zum Schluß 3 x 1 Löffelbiskuit, dabei jede Lage gleichmäßig mit Kaffeecreme bestreichen. Mit der restlichen Creme die Pyramide von außen bestreichen. Die Seiten der Pyramide mit der Schokolade bestreuen.

5 Die Sahne steif schlagen, in einen Spritzbeutel mit Sterntülle füllen und die Pyramide damit verzieren. Die Toblerone in Scheiben schneiden oder brechen und auf die Sahne setzen.

Riesen-Himbeertortelette

Zubereitungszeit: 35 Min., ohne Kühlzeit

Insgesamt:
E: 51 g, F: 261 g, Kh: 338 g, kJ: 16826, kcal: 4014

Für die Creme:
- **10 Blatt weiße Gelatine**
- **1 Vanilleschote**
- **250 g Mascarpone (italienischer Frischkäse)**
- **200 g Vollmilchjoghurt**
- **100 g Zucker**
- **Saft von 2 kleinen Limonen oder Zitronen**
- **125 ml (1/8 l) Schlagsahne**

Für den Boden:
- **150 g Cantuccini-Gebäck, ohne ganze Mandeln**
- **100 g Butter**

Für den Belag:
- **500 g Himbeeren**
- **100 g Himbeergelee**
- **30 g abgezogene, gehobelte Mandeln**

1 Für die Creme Gelatine nach Packungsaufschrift einweichen. Vanilleschote längs einritzen und das Mark herausschaben. Mascarpone, Joghurt, Zucker, Limonensaft und Vanillemark verrühren.

2 Gelatine ausdrücken, auflösen und unter die Mascarpone-Joghurt-Masse rühren. Sahne steif schlagen und unterheben. Eine Obstbodenform (Ø 22 cm) kalt ausspülen, die Creme einfüllen, glattstreichen und einige Stunden kalt stellen.

3 Für den Boden die Cantuccini in einen Gefrierbeutel geben, den Beutel verschließen, die Cantuccini mit einer Teigrolle fein zerdrücken und in eine Schüssel geben.

4 Die Butter zerlassen, mit den Cantuccinibröseln vermengen, in eine Springform (Ø 24 cm, Boden gefettet) füllen, andrücken und kalt stellen, bis der Boden festgeworden ist.

5 Den Springformrand entfernen, den Cantuccini-Boden auf eine Tortenplatte legen und die Cremetorte vorsichtig auf den Boden stürzen.

6 Für den Belag Himbeeren putzen (nicht waschen) und die Cremetorte damit belegen. Das Himbeergelee erwärmen und die Himbeeren mit Hilfe eines Löffels damit besprenkeln.

7 Die Mandeln in einer Pfanne ohne Fett anrösten, abkühlen lassen und über die Torte streuen.

Tipp:
Anstelle von Himbeeren können auch Erdbeeren oder gemischte frische Beeren verwendet werden.

Dominoschnitten

Zubereitungszeit: 40 Min., ohne Kühlzeit

Insgesamt:
E: 95 g, F: 339 g, Kh: 451 g, kJ: 23512, kcal: 5620

Für den Boden:
- **250 g Dominosteine**

Für die Creme:
- **100 g Zucker**
- **100 g gehackte Haselnusskerne**
- **9 Blatt weiße Gelatine**
- **4 Eier (Größe M, ganz frisch)**
- **50 g Zucker**
- **1 Pck. Vanillin-Zucker**
- **2 EL heißes Wasser**
- **150 ml Kaffee**
- **200 g Nussnougat**
- **etwa 8 EL Cognac**
- **400 ml Schlagsahne**

Zum Verzieren und Garnieren:
- **125 ml (1/8 l) Schlagsahne**
- **evtl. einige halbierte Dominosteine**

1 Für den Boden eine Kastenform (30 x 11 cm) mit Klarsichtfolie auslegen. Die Dominosteine mit der oberen Seite nach unten eng nebeneinander in die Form legen.

2 Für die Creme Zucker in einer Pfanne schmelzen und goldbraun karamelisieren lassen. Haselnüsse unterrühren. Die Masse auf ein mit Öl bestrichenes Backblech streichen und erkalten lassen. Dann fein hacken.

3 Gelatine nach Packungsaufschrift einweichen. Eier trennen. Eigelb mit Zucker, Vanillin-Zucker und Wasser sehr schaumig schlagen.

4 Den Kaffee in einen kleinen Topf gießen, erhitzen und das Nussnougat bei milder Hitze darin auflösen. Gelatine ausdrücken und darin auflösen. Die noch heiße Masse unter die Eigelbcreme rühren. Mit Cognac abschmecken und kalt stellen.

5 Sobald die Masse anfängt dicklich zu werden, den Krokant unterheben. Sahne und Eiweiß getrennt steif schlagen und locker unter die Creme heben. Die Masse in die Kastenform füllen. Einige Stunden kalt stellen.

6 Vor dem Servieren die fest gewordene Masse vorsichtig mit Hilfe der Folie aus der Form heben und auf eine Servierplatte stürzen.

7 Die Sahne steif schlagen, in einen Spritzbeutel mit Sterntülle füllen und den Rand damit verzieren. Nach Belieben mit halbierten Dominosteinen garnieren.

Tipp:
Nach Belieben die Tortenplatte vorher mit aufgelöster Kuvertüre verzieren und die Dominoschnitten mit selbstgemachten Kuvertüresternen garnieren.

Ananas-Charlotte

Zubereitungszeit: 40 Min., ohne Kühlzeit

Insgesamt:
E: 42 g, F: 110 g, Kh: 240 g, kJ: 9358, kcal: 2235

- **1 große Dose Ananasscheiben (Abtropfgewicht 490 g)**
- **200 g Löffelbiskuits**
- **1 Pck. gemahlene Gelatine, weiß**
- **5 EL kaltes Wasser**
- **2 Eigelb (Größe M, ganz frisch)**
- **60 g Zucker**
- **125 ml (1/8 l) Ananassaft**
- **2 EL Zitronensaft**
- **250 ml (1/4 l) Schlagsahne**

Zum Garnieren:

- **8 kandierte Kirschen**
- **2 EL gehackte Pistazienkerne**

1 Die Ananasscheiben auf einem Sieb abtropfen lassen, dabei den Saft auffangen und 3–4 Esslöffel zum Beträufeln und 125 ml (1/8 l) für die Creme abmessen.

2 Den Rand einer Springform (Ø 22 cm) mit Back- oder Pergamentpapier auslegen und auf eine mit Papier ausgelegte, runde Platte stellen.

3 Die Hälfte der Löffelbiskuits an einem Ende gerade schneiden und als Rand in die Springform stellen. Den Boden mit den restlichen Löffelbiskuits auslegen und mit 3–4 Esslöffeln von dem Ananassaft beträufeln.

4 Gelatine mit Wasser in einem kleinen Topf anrühren und 10 Minuten zum Quellen stehen lassen.

5 Eigelb mit Zucker schaumig schlagen, Ananas- und Zitronensaft unterrühren. Die Gelatine unter Rühren erwärmen, bis sie gelöst ist und unterrühren. Die Masse kalt stellen.

6 Die Ananasscheiben fein würfeln. Die Sahne steif schlagen. Sobald die Creme anfängt dicklich zu werden, Ananasstücke (einige Stücke zum Garnieren zurückbehalten) und Sahne unterheben. Die Creme auf den Löffelbiskuits verteilen und kalt stellen, bis die Creme fest geworden ist.

7 Vor dem Servieren Springformrand und Papier entfernen und die Charlotte mit den zurückgelassenen Ananasstücken, Kirschen und Pistazien garnieren.

Abwandlung:
Anstelle der Ananas können auch Aprikosen oder Pfirsiche (aus der Dose) verwendet werden. Den Saft auffangen und anstelle des Ananassaftes verwenden.

Frutti-di-mare-Kuppel

Zubereitungszeit: 45 Min., ohne Kühlzeit

Insgesamt:
E: 82 g, F: 437 g, Kh: 518 g, kJ: 28754, kcal: 6862

Für den Belag:
- **250 g Vollmilchschokolade**
- **250 ml (1/4 l) Schlagsahne**
- **150 g gemahlene Haselnusskerne**
- **150 g Eiswaffeln ohne Füllung, z. B. Eiswaffelherzen**
- **50 g Butter**
- **80 g Zucker**
- **1 Pck. Vanillin-Zucker**

Für den Boden:
- **50 g Butter**
- **100 g Zucker**
- **100 g abgezogene, gehobelte Mandeln**
- **100 ml Schlagsahne**

Zum Verzieren und Garnieren:
- **1 Pck. (100 g) Kuchenglasur**
- **einige Schokoladen-Meeresfrüchte (Belgisches Konfekt)**

1 Für den Belag Schokolade grob zerkleinern, in der Sahne unter ständigem Rühren so lange erhitzen, bis die Schokolade geschmolzen ist und erkalten lassen.

2 Die Haselnüsse in einer Pfanne ohne Fett anrösten und erkalten lassen. Die Eiswaffeln in einen Gefrierbeutel geben, den Beutel verschließen und die Waffeln mit einer Teigrolle zerdrücken.

3 Die Butter schaumig rühren, nach und nach Zucker und Vanillin-Zucker unterrühren. Die Schokoladensahne mit Handrührgerät mit Rührbesen aufschlagen und unter die Butter rühren. Zum Schluss Haselnüsse und Waffelbrösel unterrühren. Die Masse in eine mit Klarsichtfolie ausgelegte Bombenform (Ø 20 cm) füllen und über Nacht kalt stellen.

4 Für den Boden Butter in einem Topf zerlassen und den Zucker unter Rühren darin auflösen. Wenn die Masse zu bräunen beginnt, die Mandeln unterrühren. Den Topf von der Kochstelle nehmen und langsam unter Rühren die Sahne zugeben.

5 Unter Rühren weiterkochen, bis die Masse dicklich eingekocht, aber nicht braun ist. Auf einem mit Speiseöl bestrichenen Stück Alufolie einen Kreis (Ø 22 cm) markieren. Die Masse mit Hilfe eines feuchten Löffels in dem Kreis verteilen und flachdrücken. Den Boden erkalten lassen.

6 Den Mandelboden von der Alufolie lösen und auf eine Tortenplatte legen. Die Füllungsmasse auf den Boden stürzen und die Klarsichtfolie abziehen.

7 Die Kuchenglasur nach Packungsaufschrift auflösen und die Kuppel damit überziehen. Die Kuppel mit den Meeresfrüchten garnieren.

Abwandlung:
Nach Belieben 50 g der Mandeln für den Boden durch Cornflakes ersetzen.

Tipp:
Nach Belieben etwas von der Kuchenglasur in ein kleines Pergamentpapiertütchen füllen und die mit Glasur bezogene Kuppel damit verzieren.

Quark-Kirsch-Torte

Zubereitungszeit: 60 Min., ohne Kühlzeit

Insgesamt:
E: 69 g, F: 143 g, Kh: 332 g, kJ: 12555, kcal: 2998

Für den Boden:
- **100 g Zartbitterschokolade**
- **50 g Vollmilchschokolade**
- **50 g Cornflakes**

Für den Kirschbelag:
- **1 Glas Sauerkirschen (Abtropfgewicht 370 g)**
- **1/8 Zimtstange**
- **2 gestr. EL Zucker**
- **20 g Speisestärke**
- **2 EL Wasser**

Für die Creme:
- **3 Blatt weiße Gelatine**
- **100 g Doppelrahm-Frischkäse**
- **250 g Magerquark**
- **70 g Zucker**
- **1 Pck. Vanillin-Zucker**
- **Saft von 1/2 Zitrone**
- **200 ml Schlagsahne**

Für den Guss:
- **2 Blatt weiße Gelatine**
- **125 ml (1/8 l) Kirschsaft**

1 Für den Boden Zartbitter- und Vollmilchschokolade grob zerkleinern und zusammen in einem kleinen Topf im Wasserbad bei schwacher Hitze zu einer geschmeidigen Masse verrühren. Cornflakes unterühren, die Masse in eine Springform (Ø 20 cm, Boden mit Speiseöl bestrichen) füllen und gut verteilen. Kalt stellen, bis der Boden fest geworden ist.

2 Für den Kirschbelag Kirschen auf einem Sieb abtropfen lassen, dabei den Saft auffangen. 125 ml (1/8 l) davon abmessen und beiseite stellen. Den restlichen Kirschsaft mit Zimtstange und Zucker aufkochen lassen. Speisestärke mit Wasser anrühren und den Kirschsaft damit binden. Die Kirschen unterheben und erkalten lassen.

3 Die Zimtstange aus der erkalteten Kirschmasse entfernen, die Masse auf den Boden streichen und wieder kalt stellen.

4 Für die Creme Gelatine nach Packungsaufschrift einweichen. Frischkäse, Quark, Zucker, Vanillin-Zucker und Zitronensaft verrühren. Die Gelatine auflösen, zuerst mit etwas von der Quarkcreme verrühren, dann unter die restliche Quarkcreme rühren.

5 Wenn die Creme anfängt dicklich zu werden, die Sahne steif schlagen und unterrühren. Die Quark-Sahne-Creme auf die Kirschen streichen und die Torte etwa 1 Stunde kalt stellen.

6 Für den Guss Gelatine nach Packungsaufschrift einweichen, auflösen, mit dem Kirschsaft verrühren und kühl stellen. Sobald der Saft anfängt zu gelieren, ihn esslöffelweise auf die Quark-Sahne-Creme geben und die Torte erneut kalt stellen.

Tipp:
Nach Belieben nur etwa 2/3 der Sahne unter die Creme rühren. Vor dem Servieren die restliche Sahne in einen Spritzbeutel füllen und die Torte damit verzieren.

Tiramisu-Charlotte

Zubereitungszeit: 30 Min., ohne Kühlzeit

Insgesamt:
E: 80 g, F: 468 g, Kh: 484 g, kJ: 29414, kcal: 7028

Für den Boden:
- **2 Gebäckrollen mit Schokocremefüllung (à 300 g)**

Für die Füllung:
- **4 Blatt weiße Gelatine**
- **2 Pck. Dr. Oetker Creme Tiramisu (Dessertpulver für 325 ml Flüssigkeit)**
- **200 ml Milch**
- **200 ml Schlagsahne**
- **500 g Mascarpone (italienischer Frischkäse)**
- **4 EL Amaretto**
- **70 g Amarettini**

- **2 TL Kakaopulver**

1 Die Gebäckrollen in etwa 1 cm dicke Scheiben schneiden. Eine Schüssel (Ø 20–22 cm, Inhalt 2 l) mit Klarsichtfolie auslegen. Die Gebäckscheiben eng einschichten (einige Scheiben zum Belegen der Creme zurücklassen).

2 Für die Füllung Gelatine nach Packungsaufschrift einweichen. Das Dessertpulver mit Milch und Sahne nach Packungsaufschrift – aber mit 200 ml Milch und 200 ml Sahne – zubereiten. Mascarpone und Amaretto unterrühren.

3 Gelatine ausdrücken, auflösen und unterrühren. Die Amarettini zugeben, die Masse in die Schüssel füllen und glattstreichen. Mit den restlichen Gebäckscheiben belegen. Die Charlotte über Nacht kalt stellen.

4 Die Charlotte auf eine Platte stürzen und die Klarsichtfolie abziehen. Mit Kakao bestäuben.

Tipps:
Anstelle der Gebäckrollen können auch aufgetaute TK-Biskuitrollen verwendet werden.
Die Charlotte nach Belieben mit Schlagsahne verzieren.

Joghurt-Törtchen

Zubereitungszeit: 40 Min., ohne Kühlzeit

Insgesamt:
E: 30 g, F: 25 g, Kh: 148 g, kJ: 4105, kcal: 982

Für den Belag:

- **1 Pck. Gelatine gemahlen, weiß**
- **5 EL Wasser**
- **300 g Vollmilchjoghurt**
- **50 g Zucker**
- **1 Pck. Vanillin-Zucker**
- **2 EL Zitronensaft**
- **125 ml (1/8 l) Milch**

- **12 Heidesandplätzchen (Ø etwa 10 cm, vom Bäcker)**

- **300 g Früchte, z. B. Himbeeren, Brombeeren, Johannisbeeren, Karambole (vorbereitet gewogen)**

Für den Guss:

- **1/2 Pck. Tortenguss, klar**
- **1 EL Zucker**
- **125 ml (1/8 l) Wasser oder klarer Apfelsaft**

1 Für den Belag die Gelatine mit Wasser in einem kleinen Topf anrühren und 10 Minuten zum Quellen stehen lassen. Joghurt mit Zucker, Vanillin-Zucker, Zitronensaft und Milch verrühren.

2 Gelatine unter Rühren erwärmen, bis sie gelöst ist. Etwas von der Joghurtmasse in die Gelatinelösung rühren. Diese dann in die Joghurtmasse rühren und kalt stellen.

3 Um jedes Plätzchen einen gefalteten Streifen aus Alufolie (etwa 4 cm hoch) legen und mit Klebestreifen verschließen. Sobald die Joghurtmasse anfängt dicklich zu werden, sie auf die „Förmchen" verteilen und etwa 2 Stunden kalt stellen, bis die Masse fest geworden ist.

4 Die Himbeeren verlesen (nicht waschen). Brombeeren verlesen, waschen und abtropfen lassen. Johannisbeeren waschen und mit Hilfe einer Gabel von den Stielen streifen. Karambole waschen und in Scheiben schneiden.

5 Die Alufolie mit Hilfe eines Messers lösen und die Törtchen mit den vorbereiteten Früchten belegen.

6 Für den Guss aus Tortenguss, Zucker und Wasser oder Apfelsaft nach Packungsaufschrift einen Guss zubereiten und die Früchte damit bestreichen.

Abwandlung:
Anstelle der Heidesandplätzchen können auch runde, mit Schokocreme gefüllte Butterkekse verwendet werden.

Tipps:
Nach Belieben die Masse für den Belag in Förmchen (Ø etwa 8 cm) geben, fest werden lassen, vorsichtig mit einem Messer vom Rand der Förmchen lösen und auf die Plätzchen stürzen.
Anstelle der Plätzchen kann auch ein Obstboden (Ø 24–26 cm) verwendet werden. Einen Tortenring so auf den Obstboden stellen, dass der geriffelte Rand freibleibt. Die Creme in den Tortenring füllen, glattstreichen und kalt stellen. Die Torte dann mit den Früchten belegen und mit Tortenguss bestreichen.

Mousse-au-Cappuccino-Torte

Zubereitungszeit: 25 Min., ohne Kühlzeit

Insgesamt:
E: 45 g, F: 286 g, Kh: 193 g, kJ: 15221, kcal: 3637

Für den Boden:
- **200 g Schoko-Cookies (Schokoladenkekse)**
- **125 g Butter**

Für den Belag:
- **2 Pck. Dr. Oetker Mousse au Cappuccino (Dessertpulver für 250–300 ml Flüssigkeit)**
- **300 ml Milch**
- **200 ml Schlagsahne**

Zum Verzieren und Garnieren:
- **200 ml Schlagsahne**
- **1 Pck. Vanillin-Zucker**
- **einige Mokkabohnen oder -pralinen**
- **30 g Zartbitterschokolade**
- **evtl. etwas Kakaopulver**

1 Für den Boden die Schoko-Cookies in einen Gefrierbeutel geben, den Beutel verschließen, die Schoko-Cookies mit einer Teigrolle zerdrücken und in eine Schüssel geben.

2 Butter zerlassen, zu den Bröseln geben und gut verrühren. Die Masse gleichmäßig in einer Springform (Ø 26 cm, Boden gefettet, mit Backpapier belegt) verteilen und gut andrücken.

3 Für den Belag die Mousse au Cappuccino mit Milch und Sahne nach Packungsaufschrift – aber mit 300 ml Milch und 200 ml Sahne – zubereiten, auf den Boden geben und glattstreichen. Die Torte etwa 1 Stunde kalt stellen.

4 Die Torte aus der Form lösen, das Backpapier entfernen und die Torte auf eine Tortenplatte legen.

5 Die Sahne mit Vanillin-Zucker steif schlagen und so auf die Tortenoberfläche streichen, dass rundherum ein etwa 2 cm breiter Mousse-Streifen sichtbar bleibt. In die Sahne mit Hilfe eines Teelöffels Vertiefungen eindrücken. Mit Mokkabohnen oder -pralinen garnieren.

6 Die Schokolade in einem kleinen Topf im Wasserbad bei schwacher Hitze zu einer geschmeidigen Masse verrühren und in ein Pergamentpapiertütchen füllen. Eine kleine Spitze abschneiden und den Tortenrand mit der Schokolade verzieren. Nach Belieben die Tortenplatte mit verzieren.

7 Die Torte vor dem Servieren nach Belieben mit Kakao bestäuben. Die Torte gut gekühlt servieren.

Abwandlung:
Anstelle der Schoko-Cookies den Boden mit derselben Menge Waffelröllchen mit Schokolade zubereiten.

Tipp:
Schoko-Cookies gibt es in unterschiedlichen Packungsgrößen. Bei einer 175 g-Packung können die Cookies mit Zwieback oder Löffelbiskuits auf 200 g aufgefüllt werden.

Italienisches Cremeherz

Zubereitungszeit: 30 Min., ohne Kühlzeit

Insgesamt:
E: 55 g, F: 161 g, Kh: 199 g, kJ: 10908, kcal: 2605

Zum Tränken:

- **125 ml (1/8 l) starker, gezuckerter Kaffee**
- **3 EL Kaffeelikör oder Weinbrand**

- **etwa 18 Löffelbiskuits**

Für die Creme:

- **1 Pck. Gelatine gemahlen, weiß**
- **Saft von 1 Orange**
- **3 Eigelb (Größe M, ganz frisch)**
- **100 g Zucker**
- **1 Pck. Vanillin-Zucker**
- **250 g Crème fraîche**
- **3 Eiweiß (Größe M, ganz frisch)**

Zum Verzieren und Garnieren:

- **50 g abgezogene, gehobelte Mandeln**
- **125 ml (1/8 l) Schlagsahne**
- **Puderzucker**
- **Orangenschalenstreifen (unbehandelt)**

1 Zum Tränken den Kaffe mit Kaffeelikör oder Weinbrand verrühren und die Löffelbiskuits damit tränken.

2 Für die Creme die Gelatine mit dem Orangensaft in einem kleinen Topf anrühren und 10 Minuten zum Quellen stehen lassen. Eigelb mit Handrührgerät mit Rührbesen schaumig schlagen. Nach und nach die Hälfte des Zuckers, den Vanillin-Zucker und die Crème fraîche unterrühren.

3 Die Gelatine unter Rühren erwärmen, bis sie gelöst ist und unter die Eigelbmasse rühren. Eiweiß steif schlagen. Den restlichen Zucker zugeben und so lange weiterschlagen, bis ein Messerschnitt sichtbar bleibt. Den Eischnee vorsichtig unter die Gelatine-Eigelbmasse heben.

4 Ein Drittel der getränkten Löffelbiskuits in eine Herzform (Ø 24 cm, Inhalt 1 l) legen und die Hälfte der Creme darauf verteilen. Das zweite Drittel der Löffelbiskuits darauflegen, mit der restlichen Creme bestreichen und mit den restlichen Löffelbiskuits belegen. Das Herz etwa 2 Stunden kalt stellen.

5 Die Mandeln in einer Pfanne ohne Fett anrösten und erkalten lassen. Die Sahne steif schlagen.

6 Das Herz vorsichtig auf eine Servierplatte stürzen und mit der Sahne einstreichen. Den Herzrand mit den Mandeln bestreuen. Die Herzoberfläche mit Puderzucker bestäuben und mit Orangenschalenstreifen garnieren.

Tipp:
Nach Belieben etwas Aprikosenkonfitüre oder Orangenmarmelade durch ein Sieb streichen, in ein Pergamentpapiertütchen füllen und Herzen auf die Tortenoberfläche spritzen.

Kastaniencreme-Pyramide

Zubereitungszeit: 35 Min., ohne Kühlzeit

Insgesamt:
E: 32 g, F: 278 g, Kh: 329 g, kJ: 17319, kcal: 4138

Zum Tränken:
- **125 ml (1/8 l) Rotwein**
- **50 g Zucker**
- **1 Zimtstange**
- **3 Gewürznelken**

- **12 Löffelbiskuits**

Für die Creme:
- **150 g Butter**
- **80 g Zucker**
- **1 Pck. Vanillin-Zucker**
- **100 g Zartbitterschokolade**
- **3 EL Schlagsahne**
- **100 g Esskastanien (Maronen, aus der Dose)**
- **3 EL Rotwein**
- **1 Eigelb (Größe M, ganz frisch)**

Zum Verzieren und Garnieren:
- **250 ml (1/4 l) Schlagsahne**
- **1/2 Pck. Sahnesteif**
- **1 Pck. Vanillin-Zucker**
- **50 g Zartbitterschokolade**
- **4–8 Löffelbiskuits**

1 Zum Tränken Rotwein, Zucker, Zimtstange und Gewürznelken aufkochen und erkalten lassen. Die Löffelbiskuits damit tränken.

2 Für die Creme Butter, Zucker und Vanillin-Zucker schaumig rühren. Die Schokolade in einem kleinen Topf im Wasserbad bei schwacher Hitze zu einer geschmeidigen Masse verrühren. Die Sahne gut unterrühren. Die Schokoladen-Sahne-Masse unter die Buttermasse rühren.

3 Die Esskastanien auf einem Sieb abtropfen lassen, pürieren oder reiben und mit Rotwein und Eigelb unter die Schokocreme rühren.

4 2 x 3 Löffelbiskuits als Boden auf Backpapier legen und gleichmäßig mit Creme bestreichen. Als nächste Lage 2 x 2 Löffelbiskuits auflegen und ebenfalls mit Creme bestreichen. Als letzte Lage 2 x 1 Löffelbiskuit auflegen und mit Creme bestreichen. Mit der restlichen Creme die gesamte Pyramide bestreichen, dabei oben eine Spitze formen.

5 Die Sahne mit Sahnesteif und Vanillin-Zucker steif schlagen, in einen Spritzbeutel mit glatter Tülle füllen und die Pyramide damit verzieren.

6 Die Schokolade in einem kleinen Topf im Wasserbad bei schwacher Hitze zu einer geschmeidigen Masse verrühren. Die Löffelbiskuits einmal quer durchschneiden, mit dem runden Ende in die Schokolade tauchen und erkalten lassen. Die Pyramide mit den Löffelbiskuits garnieren.

Freche Früchtchen

Wir zeigen Ihnen, dass Weintraube, Banane, Birne & Co. nicht nur in Form von Obstsalat schmecken.

Winzerschnitten

Zubereitungszeit: 35 Min., ohne Kühlzeit

Insgesamt:
E: 49 g, F: 229 g, Kh: 413 g, kJ: 16853, kcal: 4030

Für den Boden:

- **150 g Zwiebäcke**
- **120 g Butter**
- **1 EL Zucker**
- **1 Pck. Vanillin-Zucker**

Für die Creme:

- **6 Blatt weiße Gelatine**
- **250 g Mascarpone (italienischer Frischkäse)**
- **300 g Vollmilchjoghurt**
- **1 Pck. Geriebene Zitronenschale**
- **150 g Zucker**

Für den Belag:

- **250 g rote Weintrauben**
- **250 g grüne Weintrauben**

Für den Guss:

- **1 Pck. Tortenguss, klar**
- **250 ml (1/4 l) Apfelsaft**

1 Für den Boden Zwiebäcke in einen Gefrierbeutel geben, den Beutel verschließen, die Zwiebäcke mit einer Teigrolle fein zerdrücken und in eine Schüssel geben.

2 Die Butter zerlassen, mit Zucker und Vanillin-Zucker zu den Zwiebackbröseln geben und gut vermischen. Die Masse in eine Kastenform (30 x 11 cm, mit Klarsichtfolie ausgelegt, die Folie soll über den Formrand hängen) füllen und mit einem Esslöffelrücken gut andrücken. Den Boden kalt stellen.

3 Für die Creme die Gelatine nach Packungsaufschrift einweichen. Mascarpone, Joghurt, Zitronenschale und Zucker verrühren. Gelatine ausdrücken, auflösen und unter die Creme rühren. Die Masse auf den Boden geben und glattstreichen. Die Form kalt stellen.

(Fortsetzung Seite 124)

4 Für den Belag die Weintrauben waschen, trockentupfen, halbieren und entkernen. Die Weintraubenhälften auf der Creme verteilen.

5 Für den Guss aus Tortenguss und Apfelsaft nach Packungsaufschrift – aber mit Apfelsaft – einen Guss zubereiten, über die Trauben verteilen und erkalten lassen.

6 Den Kuchen mit Hilfe der Klarsichtfolie aus der Form heben, die Folie entfernen, den Kuchen auf eine Servierplatte legen und in Schnitten schneiden.

Tipp:
Die Schnitten nach Belieben mit Schlagsahne verzieren.

Abwandlung:
Anstelle der Weintrauben können auch Erdbeeren, Himbeeren oder Brombeeren verwendet werden.

Williamstorte

Zubereitungszeit: 25 Min.

Insgesamt:
E: 28 g, F: 66 g, Kh: 383 g, kJ: 10372, kcal: 2480

- **1 heller Biskuitboden (Ø 26 cm, vom Bäcker)**
- **6–8 EL Birnenbrand**
- **225 g Johannisbeergelee**

Für den Belag:
- **1 Dose Birnen (Abtropfgewicht 460 g)**
- **125 ml (1/8 l) Schlagsahne**
- **1 TL Sahnesteif**
- **1 Pck. Vanillin-Zucker**

- **50 g Zartbitterschokolade**

1 Den Biskuitboden einmal waagerecht durchschneiden. Den unteren Boden auf eine Tortenplatte legen und mit Birnenbrand tränken.

2 Johannisbeergelee in einem Topf unter Rühren erwärmen. Den getränkten Boden mit einem Teil des Gelees bestreichen und den oberen Boden darauflegen. Tortenrand und -oberfläche mit dem restlichen Gelee bestreichen.

3 Für den Belag Birnen auf einem Sieb abtropfen lassen, in Spalten schneiden und auf die Torte legen, dabei außen einen kleinen Rand freilassen.

Abwandlung:
Anstelle der Birnen die Torte mit Aprikosen zubereiten. Den Boden dann mit Marillenbrand tränken.

4 Die Sahne mit Sahnesteif und Vanillin-Zucker steif schlagen, in einen Spritzbeutel mit glatter Tülle füllen und den freigelassenen Rand der Tortenoberfläche damit verzieren.

5 Die Schokolade in einem kleinen Topf im Wasserbad bei schwacher Hitze zu einer geschmeidigen Masse verrühren, in ein Pergamentpapiertütchen füllen, eine kleine Spitze abschneiden und die Torte mit der Schokolade verzieren.

Tipps:
Anstelle des hellen kann nach Belieben auch ein dunkler Biskuitboden verwendet werden. Wenn die Torte ohne Alkohol zubereitet werden soll, den Birnensaft auffangen und den Boden damit tränken.

Fruchtpüreetorte

Zubereitungszeit: 50 Min., ohne Kühlzeit

Insgesamt:
E: 71 g, F: 93 g, Kh: 338 g, kJ: 10678, kcal: 2553

- **1 Rührteig-Obstboden (Ø etwa 24 cm)**

Für Belag I:

- **1 Pck. Aranca Zitronen-Geschmack (Fruchtdessert-Pulver)**
- **200 ml Wasser**
- **150 g Joghurt**

Für Belag II:

- **5 Blatt weiße Gelatine**
- **250 g Magerquark**
- **125 ml (1/8 l) Orangensaft**
- **25 g Zucker**
- **250 ml (1/4 l) Schlagsahne**

Für den Guss:

- **250 g Erdbeeren**
- **3–4 Kiwis**
- **250 g Aprikosenhälften (aus der Dose)**
- **2 Pck. Tortenguss, klar**
- **3 TL Zucker**

1 Den Obstboden auf eine Tortenplatte legen und einen Tortenring darumstellen.

2 Für Belag I Aranca mit Wasser und Joghurt nach Packungsaufschrift zubereiten, auf den Obstboden geben, glattstreichen und etwa 30 Minuten kalt stellen.

3 Für Belag II Gelatine nach Packungsaufschrift einweichen. Quark, Orangensaft und Zucker verrühren. Gelatine gut ausdrücken, auflösen und unter den Quarkmasse rühren. Sahne steif schlagen und vorsichtig unterheben. Die Masse auf dem Aranca-Belag verteilen, glattstreichen und 2–3 Stunden kalt stellen.

4 Für den Guss Erdbeeren waschen, gut abtropfen lassen und entstielen. Kiwis schälen. Aprikosen auf einem Sieb abtropfen lassen. Aprikosen, Erdbeeren und Kiwis getrennt pürieren (ergibt jeweils 1/4 l Flüssigkeit, evtl. mit etwas Wasser auffüllen), in 3 Kochtöpfe verteilen (je 2 Esslöffel zurücklassen) und zum Kochen bringen.

5 Je 3 Teelöffel Tortengusspulver mit je 1 Teelöffel Zucker und den zurückgelassenen Fruchtpürees verrühren, in die kochende Flüssigkeiten einrühren, alles einmal aufkochen und kurz abkühlen lassen.

6 Die Fruchtmassen nebeneinander auf die Torte geben und mit Hilfe einer Gabel zu einem Muster verbinden. Die Torte etwa 2 Stunden kalt stellen.

Abwandlung:
Nach Belieben zusätzlich 400 g Erdbeeren waschen, abtropfen lassen, entstielen und halbieren. Einen Teil der Erdbeerhälften als Rand an den Tortenring stellen, die restlichen auf dem festgewordenen Aranca-Belag verteilen.

Erdbeerkuppel

Zubereitungszeit: 40 Min., ohne Kühlzeit

Insgesamt:
E: 81 g, F: 329 g, Kh: 321 g, kJ: 20153, kcal: 4819

Für den Boden:

- **150 g Löffelbiskuits**
- **125 g Butter**

Für den Belag:

- **250 g vollreife, kleine Erdbeeren**
- **10 Löffelbiskuits**
- **3 EL Orangenlikör**
- **400 g Doppelrahm-Frischkäse**
- **300 g Joghurt**
- **3 EL Zitronensaft**
- **70 g Zucker**
- **1 Pck. Tortenguss, klar**
- **1–2 EL Zucker**
- **150 ml Orangensaft**
- **250 ml (1/4 l) Schlagsahne**

Zum Garnieren:

- **abgeriebene Schale von 2 Orangen (unbehandelt)**
- **1 EL Orangenmarmelade**

1 Für den Boden Löffelbiskuits in einen Gefrierbeutel geben, den Beutel verschließen, die Löffelbiskuits mit einer Teigrolle zerbröseln und in eine Schüssel geben.

2 Butter zerlassen, zu den Löffelbiskuitbröseln geben und gut verrühren. Die Masse gleichmäßig in einer Springform (Ø 26 cm, Boden gefettet, mit Backpapier belegt) verteilen und gut andrücken.

3 Für den Belag Erdbeeren waschen, gut abtropfen lassen, entstielen und vierteln. Die Löffelbiskuits mit dem Orangenlikör beträufeln.

4 Frischkäse mit Joghurt und Zitronensaft verrühren. Tortenguss, Zucker und Orangensaft in einem kleinen Topf unter Rühren aufkochen und unter die Frischkäsemasse rühren.

5 Sahne steif schlagen und unter die Frischkäsemasse heben. 1/3 der Creme auf den Boden füllen, mit den getränkten Löffelbiskuits belegen und einige Erdbeerstücke darüber streuen.

6 Die restliche Creme kuppelartig darauf streichen und mit den restlichen Erdbeerstücken bestreuen. Die Torte 3 Stunden kalt stellen.

7 Orangenschale mit Orangenmarmelade in einem kleinen Topf aufkochen und erkalten lassen. Die Torte damit garnieren.

Abwandlung:
Anstelle der Erdbeeren können auch Himbeeren, Heidelbeeren oder Nektarinen verwendet werden.

Tipp:
Möglichst frisch gepressten Orangensaft verwenden.

Apfeltorte

Zubereitungszeit: 60 Min., ohne Kühlzeit

Insgesamt:
E: 71 g, F: 395 g, Kh: 1043 g, kJ: 34206, kcal: 8172

Für den Boden:
- **200 g Cornflakes**
- **300 g weiße Kuvertüre**
- **50 g Kokosfett**

Für die Füllung:
- **750 g Äpfel, z. B. Elstar**
- **100 g Zucker**
- **gemahlener Zimt nach Geschmack**
- **Schale und Saft von 1 Zitrone (unbehandelt)**
- **500 ml (½ l) Apfelsaft oder Weißwein**
- **2 Pck. Pudding-Pulver Vanille-Geschmack**

Für den Belag:
- **400 ml Schlagsahne**
- **1 Pck. Vanillin-Zucker**
- **2 Pck. Sahnesteif**
- **250 g Mascarpone (italienischer Frischkäse)**

1 Für den Boden Cornflakes in einen Gefrierbeutel geben, den Beutel verschließen, die Cornflakes mit einer Teigrolle zerdrücken und in eine Schüssel geben.

2 Kuvertüre grob zerkleinern, zusammen mit Kokosfett in einem Topf im Wasserbad bei schwacher Hitze zu einer geschmeidigen Masse verrühren, zu den Cornflakesbröseln geben und gut vermischen. Zwei Drittel davon in eine Springform (Ø 28 cm, Boden mit Backpapier belegt) füllen und andrücken.

3 Die restliche Cornflakes-Kuvertüre-Masse etwa ½ cm dick auf Backpapier geben, andrücken und fest werden lassen.

4 Für die Füllung Äpfel schälen, vierteln, Kerngehäuse herausschneiden und die Äpfel in kleine Stücke schneiden. Die Apfelstücke mit Zucker, Zimt, Zitronenschale und -saft und 400 ml von dem Apfelsaft oder Wein zum Kochen bringen und weich dünsten.

5 Das Pudding-Pulver mit der restlichen Flüssigkeit anrühren, in die Apfelmasse rühren, aufkochen und etwas abkühlen lassen. Die Masse auf den Tortenboden streichen und vollständig erkalten lassen.

6 Für den Belag Sahne mit Vanillin-Zucker und Sahnesteif steif schlagen. Mascarpone kurz unterrühren. Die Sahne-Mascarpone-Masse auf der erkalteten Apfelmasse verteilen und glattstreichen. Nach Belieben mit einer Teigkarte ein Muster eindrücken.

7 Die Cornflakes-Platte mit einem Sägemesser in beliebige Motive schneiden, wie z. B. Dreiecke und diese auf der Tortenoberfläche verteilen.

Tipp:
Die Cornflakes-Ecken zusätzlich mit weißer Kuvertüre besprenkeln oder teilweise eintauchen. Die Tortenoberfläche mit Zimt bestäuben.

Sterntorte

Zubereitungszeit: 30 Min., ohne Kühlzeit

Insgesamt:
E: 50 g, F: 255 g, Kh: 400 g, kJ: 17372, kcal: 4153

- **1 heller Wiener Boden (Ø 26 cm, 3 Lagen)**
- **100 ml Orangensaft**
- **3 EL Orangenmarmelade**

Für Füllung und Belag:

- **600 ml Schlagsahne**
- **1½ Pck. Sahnesteif**
- **1 EL Zucker**
- **2 Sternfrüchte (Karambole)**

Für den Guss:

- **1 Pck. Tortenguss, klar**
- **100 ml klarer Apfelsaft**
- **150 ml Wasser**

Zum Verzieren und Garnieren:

- **150 ml Schlagsahne**
- **1 Pck. Sahnesteif**
- **1 Pck. Vanillin-Zucker**
- **gehackte Pistazienkerne**
- **Zitronenmelisseblättchen**

1 Den unteren Boden auf eine Tortenplatte legen, mit dem Orangensaft tränken und mit der durch ein Sieb gestrichenen Orangenmarmelade bestreichen. Den mittleren Boden darauflegen und einen Tortenring darumstellen.

2 Für Füllung und Belag die Schlagsahne mit Sahnesteif und Zucker steif schlagen und die Hälfte davon auf den mittleren Boden streichen. Den oberen Boden darauflegen und mit der restlichen Sahne bestreichen.

3 Die Sternfrüchte waschen, trockentupfen, in Scheiben schneiden und auf der Torte verteilen.

4 Für den Guss aus Tortenguss, Apfelsaft und Wasser nach Packungsaufschrift einen Guss zubereiten und mit einem Pinsel auf die Sternfruchtscheiben geben. Die Torte etwa 2 Stunden kalt stellen.

5 Die Sahne mit Sahnesteif und Vanillin-Zucker steif schlagen, in einen Spritzbeutel mit Sterntülle füllen und den Tortenrand damit verzieren. Die Torte mit Pistazien und Zitronenmelisseblättchen garnieren.

Tipp:

Nach Belieben zum Tränken den Orangensaft mit Pfirsichlikör mischen.

Frischkäsetorte mit Kirschen

Zubereitungszeit: 40 Min., ohne Kühlzeit

Insgesamt:
E: 48 g, F: 247 g, Kh: 361 g, kJ: 16924, kcal: 4042

Für den Boden:
- **125 g Löffelbiskuits**
- **100 g Butter**

Für die Füllung:
- **1 Glas Sauerkirschen (Abtropfgewicht 370 g)**
- **150 ml Kirschsaft**
- **2 EL Kirschwasser**
- **50 g Zucker**
- **25 g Speisestärke**

Für den Belag:
- **4 Blatt weiße Gelatine**
- **200 g Doppelrahm-Frischkäse**
- **75 g Zucker**
- **50 ml Milch**
- **200 ml Schlagsahne**

Für den Guss:
- **2 Blatt weiße Gelatine**
- **100 ml Kirschsaft**
- **1 EL Kirschwasser**
- **50 g Zucker**

Zum Verzieren:
- **100 ml Schlagsahne**
- **1 EL Kirschwasser**

1 Für den Boden Löffelbiskuits in einen Gefrierbeutel geben, den Beutel verschließen, die Löffelbiskuits mit einer Teigrolle zerdrücken und in eine Schüssel geben.

2 Butter zerlassen, zu den Bröseln geben und gut verrühren. Die Masse gleichmäßig in einer Springform (Ø 26 cm, Boden gefettet, mit Backpapier belegt) verteilen und gut andrücken.

3 Für die Füllung Sauerkirschen auf einem Sieb abtropfen lassen, dabei den Saft auffangen und 150 ml für die Füllung und 100 ml für den Guss abmessen.

4 Den Kirschsaft mit Kirschwasser und Zucker mischen. 3 Esslöffel davon abnehmen und die Speisestärke damit anrühren, den restlichen Saft zum Kochen bringen. Die angerührte Speisestärke unterrühren und einmal aufkochen lassen. Die Kirschen unterrühren, die Masse auf den Boden geben und glattstreichen.

5 Für den Belag die Gelatine nach Packungsaufschrift einweichen. Den Frischkäse mit Zucker und Milch verrühren. Gelatine ausdrücken, auflösen und unterrühren. Die Sahne steif schlagen und unterheben. Die Frischkäse-Sahne-Masse auf die Kirschmasse geben und glattstreichen. Die Torte 2 Stunden kalt stellen.

6 Für den Guss die Gelatine nach Packungsaufschrift einweichen, ausdrücken und auflösen. Mit Kirschsaft, Kirschwasser und Zucker verrühren und vorsichtig auf den Belag gießen. Die Torte etwa 1 Stunde kalt stellen.

7 Vor dem Servieren die Torte aus der Springform lösen und auf eine Tortenplatte geben. Sahne steif schlagen, Kirschwasser unterrühren, in einen Spritzbeutel mit kleiner Lochtülle füllen und die Torte damit verzieren.

Tipp:
Für eine Torte ohne Alkohol kann das Kirschwasser ersatzlos weggelassen werden.

Schoko-Bananen-Kuppel

Zubereitungszeit: 20 Min., ohne Kühlzeit

Insgesamt:
E: 46 g, F: 232 g, Kh: 353 g, kJ: 15700, kcal: 3754

- **1 dunkler Biskuitboden (Ø 26 cm, vom Bäcker)**
- **3 EL Aprikosenkonfitüre**

Für die Füllung:

- **3 Bananen**
- **2 EL Zitronensaft**
- **600 ml Schlagsahne**
- **1 Pck. Sahnesteif**
- **2 Pck. Vanillin-Zucker**
- **3 EL gesiebtes Kakaopulver**
- **1 EL Zucker**

- **50 g grobe Kokosraspel**
- **1 EL Puderzucker**

1 Den Boden einmal waagerecht durchschneiden, den unteren Boden auf eine Tortenplatte legen und mit Aprikosenkonfitüre bestreichen.

2 Für die Füllung Bananen schälen, einmal waagerecht durchschneiden, mit Zitronensaft beträufeln und auf den unteren Boden legen.

3 Sahne mit Sahnesteif steif schlagen. Vanillin-Zucker, Kakao und Zucker unterrühren. Gut die Hälfte der Kakaosahne kuppelartig auf die Bananen streichen.

4 Den oberen Biskuitboden in 8 Stücke schneiden und ebenfalls kuppelartig auf die Sahne legen.

5 Tortenrand und -oberfläche ganz mit der restlichen Sahne bestreichen und mit Kokosraspeln bestreuen. Die Torte bis zum Verzehr kalt stellen.

6 Die Schoko-Bananen-Kuppel vor den Servieren mit Puderzucker bestäuben.

Abwandlung:
Anstelle der Bananen können auch gedünstete Birnen (aus der Dose) verwendet werden.

Tipp:
Nach Belieben etwas von der Kakaosahne in einen Spritzbeutel mit glatter Tülle füllen und die Kuppel damit verzieren.

Himbeertorte mit Joghurtcreme

Zubereitungszeit: 40 Min., ohne Kühlzeit

Insgesamt:
E: 109 g, F: 164 g, Kh: 585 g, kJ: 18984, kcal: 4539

Für den Boden:
- **12 Zwiebäcke**
- **200 g Nussnougat**

Für die Creme:
- **1 Pck. und 1 TL gemahlene Gelatine, weiß**
- **6 EL kaltes Wasser**
- **2 Eigelb (Größe M, ganz frisch)**
- **75 g Zucker**
- **1 Pck. Vanillin-Zucker**
- **abgeriebene Schale von 1 Zitrone (unbehandelt)**
- **4 EL Zitronensaft**
- **300 g Vollmilchjoghurt**
- **1 Becher (150 g) Crème fraîche**
- **2 Eiweiß (Größe M, ganz frisch)**

Für den Belag:
- **500 g Himbeeren**
- **2 EL Zucker**
- **200 ml Rotwein**
- **4 EL Himbeersaft**
- **30 g Zucker**
- **1 Pck. Tortenguss, rot**

- **2 EL abgezogene, gehobelte Mandeln**

1 Für den Boden Zwiebäcke in einen Gefrierbeutel geben, den Beutel verschließen, die Zwiebäcke mit einer Teigrolle fein zerdrücken.

2 Nussnougat in einem kleinen Topf im Wasserbad bei schwacher Hitze zu einer geschmeidigen Masse verrühren. Die Zwiebackbrösel unterrühren. Die Masse in eine Springform (Ø 28 cm, Boden gefettet, Rand mit Backpapier ausgelegt) füllen und andrücken. Den Boden kalt stellen.

3 Für die Creme Gelatine mit Wasser in einem kleinen Topf anrühren und 10 Minuten zum Quellen stehen lassen.

4 Eigelb mit Zucker und Vanillin-Zucker cremig schlagen. Zitronenschale und -saft, Joghurt und Crème fraîche unterschlagen. Die Gelatine unter Rühren erwärmen, bis sie gelöst ist, unter die Masse rühren und kalt stellen, dabei ab und zu durchrühren.

5 Sobald die Masse anfängt dicklich zu werden, Eiweiß steif schlagen und unterheben. Die Creme auf dem Tortenboden verteilen und glattstreichen.

6 Himbeeren verlesen (nicht waschen), mit Zucker bestreuen und kurze Zeit stehen lassen. Die Himbeeren auf einem Sieb abtropfen lassen, dabei den Saft auffangen und mit Rotwein und Himbeersaft auf 250 ml (1/4 l) Flüssigkeit auffüllen. Die Himbeeren auf der Creme verteilen, dann mit Zucker bestreuen.

7 Aus Tortenguss und der Flüssigkeit nach Packungsaufschrift (aber ohne Zucker) einen Guss zubereiten und auf den Himbeeren verteilen. Die Torte kalt stellen, bis der Guss fest geworden ist.

8 Die Mandeln in einer Pfanne ohne Fett anrösten und erkalten lassen. Vor dem Servieren die Torte aus der Springform lösen, das Backpapier abziehen und die Torte auf eine Tortenplatte legen. Den Tortenrand mit Mandeln bestreuen.

Marillenschaumtorte

Zubereitungszeit: 40 Min., ohne Kühlzeit

Insgesamt:
E: 36 g, F: 275 g, Kh: 477 g, kJ: 20062, kcal: 4793

Für den Boden:

- **2 Pck. (à 100 g) Waffelröllchen mit Zartbitterschokolade**
- **50 g Kellogg's Corn Pops**
- **100 g Butter**

Für den Belag:

- **500–600 g Marillen (Aprikosen; aus der Dose)**
- **3 EL Aprikosenkonfitüre**

Für den Marillenschaum:

- **½ Pck. Gelatine gemahlen, weiß**
- **3 EL Weißwein**
- **100 g Aprikosenkonfitüre**
- **50 g gesiebter Puderzucker**
- **1 Pck. Vanillin-Zucker**
- **250 ml (¼ l) Schlagsahne**

Zum Verzieren und Garnieren:

- **125 ml (⅛ l) Schlagsahne**
- **1 TL Sahnesteif**
- **1 Pck. Vanillin-Zucker**
- **50 g Zartbitterschokolade**

1 Für den Boden die Waffelröllchen (14 Stück für den Rand zurücklassen) und die Corn Pops in einen Gefrierbeutel geben und den Beutel verschließen. Beide Zutaten mit einer Teigrolle zerdrücken und in eine Schüssel geben.

2 Butter zerlassen, zu den Gebäckbröseln geben und gut vermischen. Die Masse in eine Springform (Ø 24 cm, Boden gefettet) füllen, andrücken und kalt stellen. Die zurückgelassenen Waffelröllchen mit Abstand an den Formenrand stellen.

3 Für den Belag Marillen auf einem Sieb gut abtropfen lassen. Die Konfitüre durch ein Sieb streichen, den Boden damit bestreichen und mit den Marillen (2–3 Stück zum Garnieren zurücklassen) belegen.

4 Für den Marillenschaum die Gelatine mit Wein in einem kleinen Topf anrühren und 10 Minuten zum Quellen stehen lassen. Die Konfitüre durch ein Sieb streichen und mit Puderzucker und Vanillin-Zucker gut verrühren. Sahne steif schlagen und unterheben.

5 Die Gelatine unter Rühren erwärmen, bis sie gelöst ist und unter die Marillen-Sahne-Masse rühren. Den Marillenschaum gleichmässig auf der Torte verteilen und die Torte mindestens 2 Stunden kalt stellen.

6 Wenn der Marillenschaum fest geworden ist, den Springformrand vorsichtig lösen. Die Sahne mit Sahnesteif und Vanillin-Zucker steif schlagen und in einen Spritzbeutel füllen. Die zurückgelassenen Marillen in Spalten schneiden und die Torte damit garnieren.

7 Die Schokolade mit Hilfe eines Spachtels (aus dem Baumarkt) oder eines Sparschälers schaben. Die Torte mit der Sahne verzieren und mit der Schokolade garnieren.

Tipp:
Marille ist der österreichische Ausdruck für Aprikose.

Abwandlung:
Nach Belieben die Torte anstelle von geschabter Schokolade mit Aprikosenkonfitüre verzieren. Dazu 3–4 Esslöffel Konfitüre durch ein Sieb streichen, in ein Pergamentpapiertütchen füllen und auf die Torte spritzen.

Pflaumentorte mit Karamellfäden

Zubereitungszeit: 45 Min., ohne Kühlzeit

Insgesamt:
E: 29 g, F: 126 g, Kh: 433 g, kJ: 13156, kcal: 3142

Für den Boden:

- **50 g Butter**
- **100 g Zucker**
- **100 g abgezogene, gehobelte Mandeln**
- **100 ml Schlagsahne**

Für den Belag:

- **100 g schwarze Johannisbeerkonfitüre**
- **1 EL Wodka**
- **10 dicke, blaue Eierpflaumen**

Für die Karamellfäden:

- **200 g Zucker**
- **2 EL Wasser**

1 Für den Boden Butter in einem Topf zerlassen und den Zucker unter Rühren darin auflösen. Wenn die Masse zu bräunen beginnt, die Mandeln unterrühren. Den Topf von der Kochstelle nehmen und langsam unter Rühren die Sahne zugeben.

2 Unter Rühren weiterkochen, bis die Masse dicklich eingekocht, aber nicht braun ist. Auf einem mit Speiseöl bestrichenen Stück Alufolie einen Kreis (Ø 24 cm) markieren. Die Masse mit Hilfe eines feuchten Löffels in dem Kreis verteilen und flachdrücken. Den Boden erkalten lassen.

3 Den erkalteten Boden von der Alufolie lösen und auf eine Tortenplatte legen.

4 Für den Belag die Johannisbeerkonfitüre durch ein Sieb streichen, mit Wodka verrühren und auf den Boden streichen. Die Eierpflaumen waschen, trockentupfen, halbieren, entsteinen und auf den Boden legen.

5 Für die Karamellfäden Zucker mit Wasser in einem kleinen Topf unter Rühren karamellisieren lassen. So lange rühren, bis der Sirup eine hellbraune Farbe hat. Den Topf sofort auf ein nasses Tuch stellen, um ein Nachbräunen zu vermeiden. Unter Rühren so lange abkühlen lassen, bis die Masse zähflüssig wird. Mit Hilfe einer Gabel dünne Karamellfäden kreuz und quer über die Pflaumen ziehen.

Abwandlung:
Die Torte kann natürlich auch ohne Karamellfäden zubereitet werden. Dann die Pflaumen mit Tortenguss überziehen und nach Belieben mit geschlagener Sahne verzieren.

Tipp:
Nach etwa 4 Stunden beginnen die Karamelfäden wieder zu schmelzen. Die Torte sollte deshalb nicht zu früh vor dem Servieren damit überzogen werden.

Erdbeer-Reis-Torte

Zubereitungszeit: 40 Min., ohne Quell- und Kühlzeit

Insgesamt:
E: 95 g, F: 259 g, Kh: 560 g, kJ: 22444, kcal: 5354

- **1 Knetteig-Obstboden (Ø 26 cm)**
- **100 g Erdbeerkonfitüre**

Für die Füllung:

- **500 ml (1/2 l) Milch**
- **90 g gesiebter Puderzucker**
- **200 g Milchreis**
- **1 Pck. Bourbon-Vanille-Zucker**
- **12 Blatt weiße Gelatine**
- **2 Eigelb (Größe M, ganz frisch)**
- **abgeriebene Schale von 1 Zitrone (unbehandelt)**
- **6 EL Amaretto oder weißer Rum**
- **2 Eiweiß (Größe M, ganz frisch)**
- **375 ml (3/8 l) Schlagsahne**

Für den Belag:

- **800 g Erdbeeren**
- **1 Pck. Tortenguss, rot**
- **20 g Zucker**
- **250 ml (1/4 l) Wasser**

Zum Verzieren und Garnieren:

- **125 ml (1/8 l) Schlagsahne**
- **20 g gehackte Pistazienkerne**

1 Den Obstboden auf eine Tortenplatte legen. Erdbeerkonfitüre aufkochen und den Boden damit bestreichen. Einen Tortenring darumstellen.

2 Für die Füllung Milch mit Puderzucker in einem Kochtopf verrühren, zum Kochen bringen, den Reis zugeben und etwa 30 Minuten ausquellen lassen. Den Reis erkalten lassen und Bourbon-Vanille-Zucker unterrühren.

3 Gelatine nach Packungsaufschrift einweichen. Eigelb und Zitronenschale unter den Reis rühren. Gelatine auflösen und mit Amaretto oder Rum unter den Reis rühren. Eiweiß und Sahne getrennt steif schlagen und nacheinander unter den Reis heben. Die Masse sofort auf den Tortenboden streichen. Die Torte etwa 3 Stunden kalt stellen.

4 Für den Belag Erdbeeren waschen, abtropfen lassen, entstielen, halbieren und kreisförmig auf dem Reis verteilen. Aus Tortenguss, Zucker und Wasser nach Packungsanleitung einen Guss zubereiten und über die Erdbeeren verteilen. Die Torte kalt stellen, bis der Guss fest ist.

5 Den Tortenring entfernen. Die Sahne steif schlagen und etwa die Hälfte davon in einen Spritzbeutel mit Sterntülle füllen. Den Tortenrand mit der restlichen Sahne bestreichen und kleine Tuffs auf den Tortenrand spritzen. Mit Pistazien bestreuen.

Tipp:
Anstelle der Erdbeeren können auch andere Früchte, wie z. B. Himbeeren, Heidelbeeren oder Brombeeren verwendet werden.

Himbeer-Sahne-Schnitten

Zubereitungszeit: 20 Min.

Insgesamt:
E: 39 g, F: 89 g, Kh: 178 g,
kJ: 7426, kcal: 1774

- **50 g abgezogene, gehobelte Mandeln**
- **100 g Halbbitter-Kuvertüre**
- **1 Gebäckrolle mit Cremefüllung (300 g, etwa 20 cm lang)**
- **125 ml (1/8 l) Schlagsahne**
- **100 g Himbeeren**

1 Die Mandeln in einer Pfanne ohne Fett anrösten und erkalten lassen.

2 Kuvertüre in einem kleinen Topf im Wasserbad bei schwacher Hitze zu einer geschmeidigen Masse verrühren und in eine kleine Papiertüte füllen. Eine kleine Ecke abschneiden, die Gebäckrolle mit der Kuvertüre besprenkeln und die Kuvertüre fest werden lassen.

3 Die Rolle auf die besprenkelte Seite legen, auf der Unterseite ebenfalls besprenkeln und fest werden lassen. Aus der restlichen Kuvertüre Ornamente auf Backpapier spritzen und fest werden lassen.

4 Die Gebäckrolle in etwa 3 cm dicke Scheiben schneiden, jeweils eine Schnittfläche mit Mandeln bestreuen und die Scheiben mit der Mandelseite auf eine Tortenplatte legen.

5 Die Sahne steif schlagen und in einen Spritzbeutel mit glatter Tülle füllen. Die Himbeeren verlesen (nicht waschen). Die Gebäckscheiben mit Sahne verzieren und mit Himbeeren und Schokoladenornamenten garnieren.

Abwandlung:
Anstelle der Himbeern können auch andere Früchte, wie z. B. Erdbeeren oder Johannisbeeren verwendet werden.

Tipp:
Anstelle der cremegefüllten Gebäckrolle kann auch eine aufgetaute TK-Biskuitrolle verwendet werden.

Ricottatorte mit Pfirsichen

Zubereitungszeit: 35 Min., ohne Kühlzeit

Insgesamt:
E: 101 g, F: 286 g, Kh: 473 g, kJ: 21030, kcal: 5029

- **1 heller Biskuitboden (Ø 26 cm, vom Bäcker)**

Für den Belag:

- **6 Blatt weiße Gelatine**
- **500 g Ricotta (ersatzweise Sahnequark oder Schichtkäse)**
- **abgeriebene Schale und Saft von 1 Zitrone (unbehandelt)**
- **100 g Zucker**
- **1 Pck. Vanillin-Zucker**
- **400 ml Schlagsahne**
- **300 g Vollmilchjoghurt**
- **1 Dose Pfirsiche (Abtropfgewicht 500 g)**

Für den Guss:

- **1 Pck. Tortenguss, klar**
- **2 EL Zucker**
- **250 ml (1/4 l) Pfirsichsaft**

Zum Verzieren und Garnieren:

- **200 ml Schlagsahne**
- **1 gestr. TL Sahnesteif**
- **1 EL gehackte Pistazienkerne**

1 Den Boden einmal waagerecht durchschneiden, den unteren Boden auf eine Tortenplatte stellen und einen Tortenring darumlegen.

2 Für den Belag Gelatine nach Packungsaufschrift einweichen. Ricotta mit Zitronenschale und -saft, Zucker und Vanillin-Zucker verrühren.

3 Gelatine ausdrücken, auflösen und unterrühren. Sahne steif schlagen. Wenn die Masse dicklich wird, Joghurt und die Hälfte der Sahne unter die Ricottamasse rühren.

4 Die Pfirsiche auf einem Sieb abtropfen lassen, dabei den Saft auffangen und 250 ml (1/4 l) abmessen (evtl. mit Wasser auffüllen). Die Hälfte der Pfirsiche pürieren und unter Rühren in die Creme geben. Diese auf den unteren Tortenboden geben und glattstreichen.

5 Den zweiten Boden darauf legen, restliche Creme darauf streichen und die Torte kalt stellen.

6 Den Tortenring entfernen. Den Tortenrand mit der restlichen Sahne bestreichen. Die übrigen Pfirsiche in Spalten schneiden und in Form einer Blüte auf die Torte legen, dabei außen einen Rand freilassen.

7 Für den Guss aus Tortenguss, Zucker und Pfirsichsaft nach Packungsaufschrift einen Tortenguss zubereiten und auf die Pfirsichspalten geben.

8 Die Sahne mit Sahnesteif steif schlagen, in einen Spritzbeutel mit kleiner, glatter Tülle füllen und den Tortenrand damit bespritzen. Zusätzlich kleine Tupfen auf die Tortenoberfläche spritzen. Mit den Pistazien bestreuen.

Tipp:
Im Sommer frische Pfirsiche oder Nektarinen verwenden. Für den Guss dann Apfelsaft nehmen.

Erdbeer-Rhabarber-Torte

Zubereitungszeit: 40 Min., ohne Kühlzeit

Insgesamt:
E: 93 g, F: 277 g, Kh: 376 g, kJ: 19192, kcal: 4583

Für den Boden:

- **50 g abgezogene, gehackte Mandeln**
- **250 g Butterkekse**
- **100 g Butter**
- **80 g Zucker**

Für den Belag:

- **250 g Rhabarber**
- **50 g Zucker**
- **50 ml Wasser**
- **2 Blatt weiße Gelatine**
- **250 g Speisequark (20 % Fett i.Tr.)**
- **2 Pck. Vanillin-Zucker**
- **1 TL abgeriebene Zitronenschale (unbehandelt)**
- **200 ml Schlagsahne**
- **250 g Erdbeeren**

- **100 g abgezogene, gehackte Mandeln**
- **50 g Zucker**

1 Für den Boden die Mandeln in einer Pfanne ohne Fett anrösten und erkalten lassen. Die Butterkekse in einen Gefrierbeutel geben, den Beutel verschließen, die Butterkekse mit einer Teigrolle grob zerdrücken.

2 Butter mit Zucker in einer Schüssel schaumig rühren und die Keksbrösel mit den Mandeln unterrühren. Die Masse gleichmäßig in einer Springform (Ø 26 cm, Boden und Rand mit Backpapier ausgelegt) verteilen und gut andrücken.

3 Für den Belag Rhabarber waschen, in 3 cm große Stücke schneiden und zusammen mit Zucker und Wasser in einem Topf weichdünsten. Die Rhabarberstücke abkühlen und auf einem Sieb abtropfen lassen.

4 Gelatine nach Packungsaufschrift einweichen. Den Quark mit Vanillin-Zucker und Zitronenschale verrühren. Sahne steif schlagen und unterheben. Gelatine ausdrücken, auflösen und unterrühren.

5 Die Erdbeeren waschen, abtropfen lassen und entstielen. Einige Erdbeeren zum Garnieren zurücklassen, die restlichen mit dem Rhabarber unter die Quarkmasse heben, auf dem Tortenboden verteilen und glattstreichen. Die Torte etwa 2 Stunden kalt stellen.

6 Die Mandeln in einer Pfanne ohne Fett anrösten, mit Zucker bestreuen, karamelisieren und abkühlen lassen.

7 Die Torte aus der Springform lösen, auf eine Tortenplatte legen und mit den karamelisierten Mandeln bestreuen. Die zurückgelassenen Erdbeeren halbieren und die Torte damit garnieren.

Azoratorte

Zubereitungszeit: 30 Min., ohne Kühlzeit

Insgesamt:
E: 135 g, F: 265 g, Kh: 388 g, kJ: 19376, kcal: 4630

Für den Boden:

- **1 Pck. (125 g) Azora Kekse (Orangen-Mürbeplätzchen)**
- **70 g Zwiebäcke**
- **125 g Butter**

Für den Belag:

- **10 Blatt weiße Gelatine**
- **750 g Johannisbeeren**
- **300 g Vollmilchjoghurt**
- **175 g Zucker**
- **1 Pck. Vanillin-Zucker**
- **400 ml Schlagsahne**

1 Für den Boden Kekse und Zwiebäcke in einen Gefrierbeutel geben (19 Kekse für den Rand beiseite stellen), den Beutel verschließen, Kekse und Zwiebäcke mit einer Teigrolle fein zerdrücken und in eine Schüssel geben.

2 Die Butter zerlassen, mit den Bröseln vermengen und in eine Springform (Ø 26 cm, Boden gefettet) füllen. Die Masse mit einem Löffel gut andrücken. Den Boden kalt stellen.

3 Für den Belag die Gelatine nach Packungsaufschrift einweichen. Die Johannisbeeren waschen (einige Rispen zum Garnieren zurücklassen) und mit Hilfe einer Gabel von den Stielen streifen.

4 Die Hälfte der Johannisbeeren pürieren, durch ein Sieb streichen und mit Joghurt, Zucker und Vanillin-Zucker verrühren.

5 Die Gelatine ausdrücken, auflösen und unter die Johannisbeer-Joghurt-Masse rühren. Die Sahne steif schlagen und unterheben. Die restlichen Johannisbeeren unterheben.

6 Die zurückgelassenen Kekse auf den Krümelboden an den Formenrand stellen (die gewölbte Seite nach außen). Die Creme in die Springform füllen und glattstreichen. Die Torte kalt stellen.

7 Die Torte vor dem Servieren aus der Springform lösen, auf eine Tortenplatte legen und mit den zurückgelassenen Johannisbeeren garnieren.

Abwandlung:
Anstelle der Johannisbeeren können auch Himbeeren, Heidelbeeren, Nektarinen oder Aprikosen (aus der Dose) verwendet werden.

Fertige Tortenböden

Fertige Tortenböden aus dem Supermarkt oder vom Bäcker bieten nicht nur den Vorteil der Zeitersparnis, sie können auch einige Zeit auf Vorrat gelagert oder eingefroren werden. Die Durchmesser und die Gewichte der Böden können je nach Marke etwas variieren, was aber das Gelingen der Rezepte nicht beeinflusst.
Die meisten der Torten können direkt auf der Tortenplatte zusammengesetzt werden. Dazu wird der Boden auf eine Tortenplatte gelegt und ein Tortenring (am besten aus Metall) darumgestellt. Wer keinen Tortenring hat, kann auch einen Springformrand benutzen. Dazu den Springformrand am besten mit der Oberkante nach unten um den Boden legen.
Wenn in einigen Rezepten nicht die gesamten Böden benötigt werden, können die übrigen Böden gut eingefroren und später für eine andere Torte verwendet werden. Nach Belieben können die übrigen Böden auch zu Desserts wie z. B. Trifle oder Tiramisu oder zu Konfekt wie z. B. Rumkugeln verarbeitet werden.

Für **Rumkugeln** etwa 150 g Biskuitbödenreste zerkrümeln und in eine Rührschüssel geben. Die Gebäckkrümel mit 75 ml Rum (oder halb Rum, halb Wasser) übergießen. 150 g Zartbitterschokolade grob zerkleinern, in einem kleinen Topf im Wasserbad bei schwacher Hitze zu einer geschmeidigen Masse verrühren. 1 Teelöffel Butter, 1 1/2 Esslöffel gesiebten Puderzucker und 1 Teelöffel gesiebtes Kakaopulver unterrühren. Die Masse unter die Biskuitkrümel rühren, Kugeln daraus formen, in 100 g Schokoladenstreuseln wälzen und kalt stellen, damit die Rumkugeln fest werden.
Gebäckreste von zurechtgeschnittenen Böden kann man gut auf folgende Weise verwerten. Die Gebäckreste zerkrümeln und mit soviel Fruchtsaft oder Obstbrand oder -likör verkneten, dass eine formbare Masse entsteht. Die Masse zu Kugeln formen, mit aufgelöster Kuvertüre überziehen und fest werden lassen.

Crunch-Böden

Löffelbiskuits oder Kekse für die kalten Crunch-Böden zerkleinert man am besten, indem man sie in einen Gefrierbeutel füllt, den Beutel verschließt und das Gebäck mit einer Teigrolle zerdrückt (Foto). Auf diese Weise werden die Gebäckbrösel nicht überall verstreut. Die Gebäckbrösel in eine Rührschüssel geben und mit dem (meist zerlassenen) Fett gut vermischen. Die Masse in eine Springform geben und am besten mit einem Löffelrücken andrücken. Besonders gut lassen sich die Böden lösen, wenn man den Formboden leicht fettet und mit Backpapier belegt.
Die meisten Böden können auch mit anderen Gebäcken

nach Wahl – z. B. Nusscookies anstelle von Schokocookies – zubereitet werden. Neutrale Crunch-Böden z. B. aus Löffelbiskuits und Butter können mit Hilfe von Gewürzen und Aromen nach Belieben verändert werden. So geben beispielsweise 1/2 Teelöffel gemahlener Zimt, einige Tropfen Rosenwasser, Rum- oder Vanille-Aroma oder Zitronenschale neue Geschmacksvariationen.

Sahneverzierungen

Bevor die Torte verziert wird, die Oberfläche mit einem Tortenteiler einteilen. Die Spritzmasse sollte standfest sein. Sahne (evtl. mit Sahnesteif) steif schlagen und erst kurz vor dem Servieren aufbringen. Beim Verzieren Spritzbeutel senkrecht halten. Mit der rechten Hand Beutel zuhalten, Creme (Sahne) herausdrücken. Die linke Hand führt den Beutel. Ihn nicht mit der ganzen Hand umfassen, sondern mit Daumen und Zeigefinger Tülle bzw. Tüllenansatz führen. Die Creme oder Sahne wird sonst durch Handwärme flüssig.

Eine schnelle und raffinierte Verzierung der Tortenoberfläche erhalten Sie, wenn Sie geschlagene Sahne bergartig auf die Torte häufen, etwas glattstreichen und mit Hilfe eines Teelöffels kleine Vertiefungen eindrücken.

Schokoladengarnierungen

Kuvertüre/Schokolade grob zerkleinern und in einem kleinen Topf im Wasserbad bei schwacher Hitze zu einer geschmeidigen Masse verrühren. Wird Kuvertüre/Schokolade zu heiß gemacht, sieht sie stumpf und glanzlos aus. Kuvertüre/Schokolade kann auch in einem kleinen Topf bei geringer Wattstufe unter häufigem Umrühren in der Mikrowelle aufgelöst werden.

Für Schokoladenröllchen die aufgelöste Kuvertüre/Schokolade mit einem Spachtel nicht zu dünn auf einer kalten Glas- oder Marmorplatte gleichmäßig verstreichen und festwerden lassen (nicht in den Kühlschrank stellen). Nun mit einem Spachtel die Kuvertüre vorsichtig von der Platte schaben und dabei aufrollen. Oder mit Hilfe eines Spachtels (aus dem Baumarkt) von der Rückseite einer Tafel Schokolade Röllchen schaben. Dabei immer in Richtung Körper schaben. Die Schokoladenröllchen vor der Weiterverwendung knapp 10 Minuten kühlen.

Für Schokoladenspäne mit einem Sparschäler von der Kuvertüre/Schokolade Späne abhobeln. Messer und Schokolade evtl. vorher in den Kühlschrank legen, damit die Schokolade nicht weich wird.

Für Schokoladenornamente die aufgelöste Kuvertüre mit Hilfe eines Backpapiertütchens direkt auf Kuchen oder Teller spritzen oder auf einem Back- oder Pergamentpapier festwerden lassen. Später vorsichtig ablösen. Anstelle der Papiertüte kann auch ein kleiner Gefrierbeutel verwendet werden.

Um ein Papiertütchen herzustellen, schneiden Sie ein Quadrat (etwa 24 x 24 cm) aus Backpapier oder festem Pergament und falten es diagonal auf Kante (Foto links). Die rechte Papierspitze (45 Grad) soweit nach innen rollen, bis die Spitze genau auf die rechtwinklige Ecke zeigt, dort festhalten. Dann die linke Spitze außenherum einrollen. Die Tüte fixieren, damit nichts herausgedrückt wird: alle übereinanderliegenden Papierecken nun dreimal nach innen umfalten. Den Guss einfüllen, die Tüte einrollen und eine kleine Spitze abschneiden (Foto rechts). Für zarte Muster oder Schriftzüge darf die Öffnung nur ganz klein sein.

Kapitelregister

Klassiker

Hits für Kids

Anlass-Torten

Kapitelregister

Eistorten

Desserttorten

Freche Früchtchen

Alphabetisches Register

Alphabetisches Register

M

O/P/Q

R

S

T/U

W/Z

Umwelthinweis Dieses Buch wurde auf chlorfrei gebleichtem Papier gedruckt. Die Einschrumpffolie – zum Schutz vor Verschmutzung – ist aus umweltfreundlicher und recyclingfähiger PE-Folie.

Bei den in diesem Buch verwendeten Torten-Namen handelt es sich z. T. um eingetragene Marken.

Wenn Sie Fragen oder Vorschläge zu unseren Büchern oder Rezeptanregungen haben, rufen Sie uns an (0521) 52 06 45 oder schreiben Sie uns:
Ceres Verlag, Am Bach 11, 33602 Bielefeld

Die Schreibweise in diesem Buch entspricht den Regeln der neuen Rechtschreibung.

Wir danken für die freundliche Unterstützung hig Hagemann Intern. Gebäckspezialitäten, Gronau
Ketchum Public Relations, München
Claudia Korenke PR GmbH, Frankfurt

Redaktion Eva-Maria Dammeier

Titelfotos Thomas Diercks, Hamburg

Innenfotos Brigitte Wegner, Düsseldorf
Thomas Diercks, Hamburg
Kramp & Gölling, Hamburg
Norbert Toelle, Bielefeld
Bernd Wohlgemuth, Hamburg

Rezeptentwicklung und Foodstyling Claudia Glünz-Wunder, Nordhorn
Requisite Franziska Zobel, Bielefeld

Grafisches Konzept Björn Carstensen, Hamburg
Gestaltung GDH Haselhorst, Bielefeld
Einbandgestaltung Kontur Design GmbH, Bielefeld

Reproduktionen Mohndruck Graphische Betriebe GmbH, Gütersloh

Satz adrupa, Paderborn

Druck Mohndruck Graphische Betriebe GmbH, Gütersloh

ISBN 3–7670–0388–0